曹薰铉、李昌镐精讲围棋系列

李昌镐 围棋研究室 —— 编著

精讲围棋死活 ❸

化学工业出版社
·北京·

图书在版编目（CIP）数据

精讲围棋死活.3/李昌镐围棋研究室编著.—北京：化学工业出版社，2020.10
（曹薰铉、李昌镐精讲围棋系列）
ISBN 978-7-122-37493-6

Ⅰ.①精… Ⅱ.①李… Ⅲ.①死活棋（围棋） Ⅳ.①G891.3

中国版本图书馆CIP数据核字(2020)第145363号

责任编辑：史 懿　　　　　　　　　　　装帧设计：刘丽华
责任校对：刘曦阳

出版发行：化学工业出版社（北京市东城区青年湖南街13号　邮政编码100011）
印　　装：大厂聚鑫印刷有限责任公司
710mm×1000mm 1/16　印张12　字数200千字　2020年10月北京第1版第1次印刷

购书咨询：010-64518888　　售后服务：010-64518899
网　　址：http://www.cip.com.cn
凡购买本书，如有缺损质量问题，本社销售中心负责调换。

定　价：49.80元　　　　　　　　　　　　　　　　版权所有　违者必究

职业棋手在下每一手棋时，对其以后的各种变化都会经过仔细的计算。他们将每一变化在脑海里像放电影似的反复演示，并判断出最佳下法，之后才会在棋盘上落子。

　　但业余棋手，尤其是初学围棋的人下棋时，虽紧紧盯着棋盘，眼中却没有这手棋以后的变化，只是一味地将棋子下在棋盘上。他们行棋的速度很快，所关心的也只是谁输谁赢。养成这种习惯，对提高棋力绝对有害无益。

　　因此在下每一手棋时，都应认真考虑对方会如何应付，而自己接下来又该怎样下，这样的思考方式非常重要。这种在脑海中分析以后各种变化的能力，就是人们经常提到的计算能力。

　　每当有人问我"如何才能提高围棋水平"时，我总是回答"培养计算能力是提高棋力的捷径"。而经常接触死活问题，就是培养计算能力的最好方法。初学围棋者在解答那些普通死活题时，由于往往事先就知道了正确答案，因此成效不大。只有在不知道正确答案的前提下，通过对每一问题中各种变化的充分分析，才能起到事半功倍的作用。

　　《精讲围棋死活》题目的难度逐步提升，大体上以每两册为一个台阶，分为初、中、高三个层次。做题时，应尽量凭自己的计算认真解答，而不要着急翻看答案。通过解题，您会发现，自己的棋力在不知不觉中提高了许多。

李昌镐

2020 年 8 月

围棋是中国的国粹，它能启发智力，开拓思维，是一项非常有益的修身养性的娱乐活动。成人通过学习围棋，可以培养自己良好的心境和大局观；儿童通过学习围棋，可以培养耐心，提高注意力，锻炼独立思考能力，挖掘思维潜能。学习围棋对课业学习也有十分明显的帮助。

那么如何学习围棋？如何学好围棋？什么样的围棋书才能更有针对性地提升棋艺水平？

韩国棋手曹薰铉、李昌镐不仅是韩国围棋的代表人物，在国际棋界也有举足轻重的地位。我们经与曹薰铉、李昌镐本人直接接洽，使得本系列书得以顺利出版。

本系列书包括定式、布局、棋形、中盘、对局、官子、死活、手筋共8个主题，集曹薰铉、李昌镐成长经验和众多棋手的智慧于一体，使用了韩国职业棋手的大量一手资料，其难度贯穿了围棋入门、提高、实战和入段等各个阶段，内容覆盖了实战围棋各个方面，是非常系统且透彻的围棋自学读物。

《精讲围棋死活》每册收录了各类死活问题120余道。从棋形急所、做眼破眼要点、手筋应用、行棋次序等方面，锻炼读者的计算能力，重视死活问题第一手棋的行棋方向，强调实战技巧。

本书由陈启等承担资料翻译、整理工作，由石心平、范孙操负责稿件审校，并得到曹薰铉、李昌镐围棋研究室众多成员的大力协助，在此对他们的辛勤劳动表示诚挚的感谢。

衷心希望广大围棋爱好者能通过学习本书迅速提高棋力，并由此享受围棋带来的快乐。

编著者
2020年7月

上篇　做活

问题 1 ………………………… 1
问题 2 ………………………… 1
问题 3 ………………………… 4
问题 4 ………………………… 4
问题 5 ………………………… 7
问题 6 ………………………… 7
问题 7 ………………………… 10
问题 8 ………………………… 10
问题 9 ………………………… 13
问题 10 ……………………… 13
问题 11 ……………………… 16
问题 12 ……………………… 16
问题 13 ……………………… 19
问题 14 ……………………… 19
问题 15 ……………………… 22
问题 16 ……………………… 22
问题 17 ……………………… 25
问题 18 ……………………… 25
问题 19 ……………………… 28
问题 20 ……………………… 28
问题 21 ……………………… 31
问题 22 ……………………… 31
问题 23 ……………………… 34
问题 24 ……………………… 34
问题 25 ……………………… 37
问题 26 ……………………… 37

问题 27 ……………………… 40
问题 28 ……………………… 40
问题 29 ……………………… 43
问题 30 ……………………… 43
问题 31 ……………………… 46
问题 32 ……………………… 46
问题 33 ……………………… 49
问题 34 ……………………… 49
问题 35 ……………………… 52
问题 36 ……………………… 52
问题 37 ……………………… 55
问题 38 ……………………… 55
问题 39 ……………………… 58
问题 40 ……………………… 58
问题 41 ……………………… 61
问题 42 ……………………… 61
问题 43 ……………………… 64
问题 44 ……………………… 64
问题 45 ……………………… 67
问题 46 ……………………… 67
问题 47 ……………………… 70
问题 48 ……………………… 70
问题 49 ……………………… 73
问题 50 ……………………… 73
问题 51 ……………………… 76
问题 52 ……………………… 76
问题 53 ……………………… 79
问题 54 ……………………… 79

问题 55 ·················· 82
问题 56 ·················· 82
问题 57 ·················· 85
问题 58 ·················· 85
问题 59 ·················· 88
问题 60 ·················· 88

下篇　杀棋

问题 61 ·················· 91
问题 62 ·················· 91
问题 63 ·················· 94
问题 64 ·················· 94
问题 65 ·················· 97
问题 66 ·················· 97
问题 67 ·················· 100
问题 68 ·················· 100
问题 69 ·················· 103
问题 70 ·················· 103
问题 71 ·················· 106
问题 72 ·················· 106
问题 73 ·················· 109
问题 74 ·················· 109
问题 75 ·················· 112
问题 76 ·················· 112
问题 77 ·················· 115
问题 78 ·················· 115
问题 79 ·················· 118
问题 80 ·················· 118
问题 81 ·················· 121
问题 82 ·················· 121
问题 83 ·················· 124
问题 84 ·················· 124
问题 85 ·················· 127
问题 86 ·················· 127
问题 87 ·················· 130

问题 88 ·················· 130
问题 89 ·················· 133
问题 90 ·················· 133
问题 91 ·················· 136
问题 92 ·················· 136
问题 93 ·················· 139
问题 94 ·················· 139
问题 95 ·················· 142
问题 96 ·················· 142
问题 97 ·················· 145
问题 98 ·················· 145
问题 99 ·················· 148
问题 100 ················· 148
问题 101 ················· 151
问题 102 ················· 151
问题 103 ················· 154
问题 104 ················· 154
问题 105 ················· 157
问题 106 ················· 157
问题 107 ················· 160
问题 108 ················· 160
问题 109 ················· 163
问题 110 ················· 163
问题 111 ················· 166
问题 112 ················· 166
问题 113 ················· 169
问题 114 ················· 169
问题 115 ················· 172
问题 116 ················· 172
问题 117 ················· 175
问题 118 ················· 175
问题 119 ················· 178
问题 120 ················· 178
问题 121 ················· 181
问题 122 ················· 181
问题 123 ················· 184

上篇

做活

问题 1

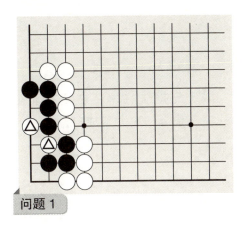

黑先。在本题中如何对付白△二子，是黑棋死活的关键。请问黑棋应如何选择？

问题 2

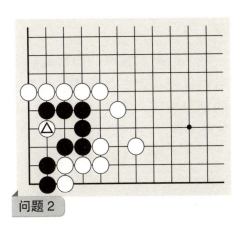

黑先。白△点时，黑棋如何应对极其重要。如果让白棋切断或让白棋渡过，则肯定不行。请问黑棋应如何选择？

问题 1 解说

图 1 正解

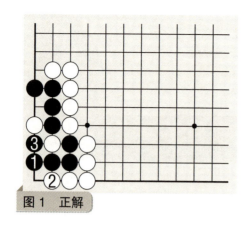
图 1 正解

黑 1 下立是冷静的好棋，也是做活的急所。白 2 时，黑 3 提子，黑即可活棋。

图 2 失败 1

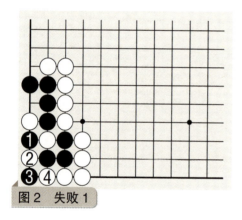
图 2 失败 1

黑 1 先提子轻率，白 2 扑非常巧妙，至黑 4，双方下成打劫。

图 3 失败 2

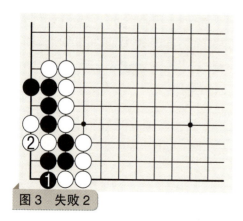
图 3 失败 2

黑 1 挡毫无道理，如果确能做活当然最好，但白 2 连接之后，黑棋的梦想破灭，黑棋由于两侧均不入气而不活。

问题 2　解说

图 1　正解

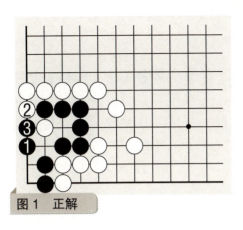

图 1　正解

黑 1 尖是一举两得的好棋，也是黑棋唯一的对策。白 2 时，黑 3 切断，黑棋可以安然活出。

图 2　失败

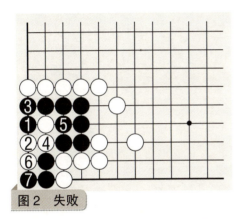

图 2　失败

黑 1 扳，虽然看似可行，但白 2、4 进行后，黑 5 打时，白 6 反打，黑 7 提子，其后变化见图 3。

图 3　后续变化

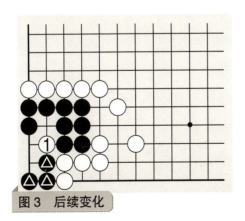

图 3　后续变化

其后白 1 可断吃黑△三子，黑棋即不活。因此，正解中的黑 1 应该说是经过深思熟虑后下出的。

问题3 ▶

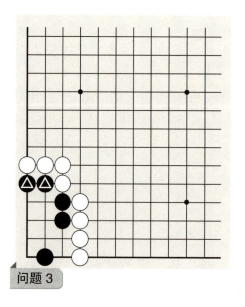

黑先。黑▲二子如果被白棋吃掉，黑棋不可能活。那么如何连接二子，就成了黑棋面临的问题。请问黑棋应如何选择？

问题4 ▶

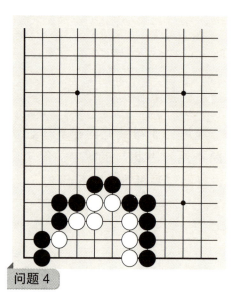

白先。本题虽很简单，但如果补棋的方向错误，将会惨遭不幸。请问白棋应如何选择？

问题3 解说

图1 正解

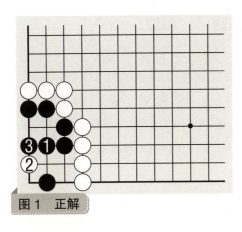

图1 正解

黑1是最佳的连接方法，不仅可以防断，而且可以确保做活。白2时，黑3应即可。

图2 失败1

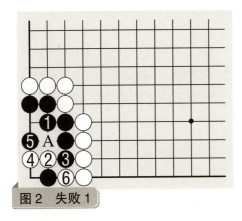

图2 失败1

黑1过于教条，白2强攻，黑3断，白4下立是妙手，以下至白6，黑棋不活。A位不能打吃，黑棋很痛苦。其中白4如果下在6位，黑棋下在4位，双方下成打劫。

图3 失败2

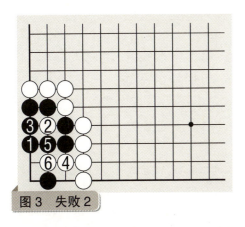

图3 失败2

黑1缺少计算，白2至白6进行后，黑棋被杀。其中白2下在4位同样可行。

问题4 解说

图1 正解

白1先做成一眼，黑2时，白3、5可再做成另一只眼。其中白3下在5位或A位均可。

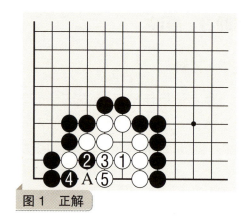

图1 正解

图2 失败1

白1虎，是受白△影响的错着，黑2点严厉，白3抵抗时，黑4正确，至黑6，结果白棋不活。

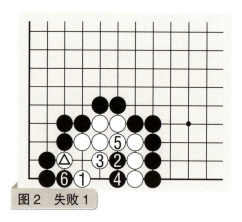

图2 失败1

图3 失败2

白1虽看似急所，但被黑2点后，白棋缺少对策。白3以下至黑6，白棋不活。其中黑2如果下在4位，白棋下在2位，白棋净活。

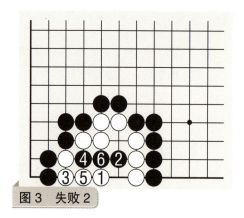

图3 失败2

问题 5 ▶

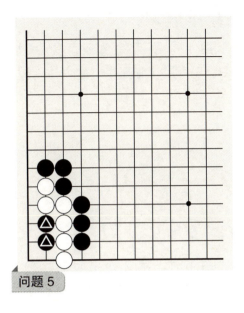

白先。白棋如何压制黑▲二子将决定白棋的死活。请问白棋应如何选择？其要点在哪里？

问题 5

问题 6 ▶

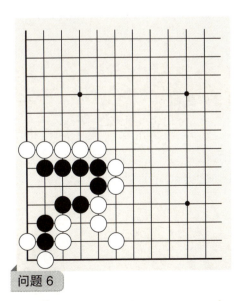

黑先。本题中的黑棋生存空间虽然较大，但存在断点。请问黑棋如何确保做活？

问题 6

问题 5 解说

图 1 正解

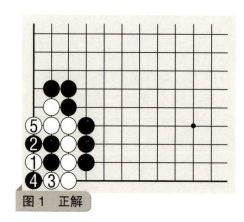

图1 正解

白1是做活的急所，黑2时，白3、5运用"胀死牛"的方法活棋。

图 2 变化

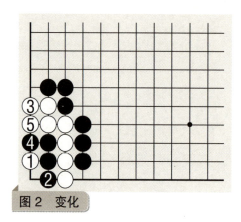

图2 变化

白1时，黑2如果阻断，白3下立则是准备好的对策，其后黑4时，白5打吃，角里是"曲四"活。

图 3 失败

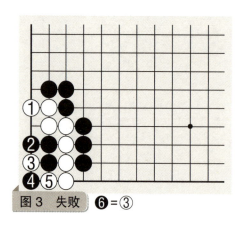

图3 失败 ❻=③

白1下立无谋，黑2攻击极其严厉，白3、5顽强挣扎，但黑6粘后，角里成"刀五"死。

问题6　解说

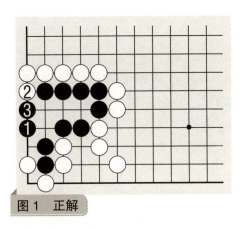

图1　正解

图1　正解

黑1虎是确保做活的要点，白2时，黑3挡住，白棋已无法攻击黑棋。

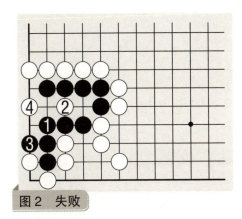

图2　失败

图2　失败

黑1单接不好，白2、4攻击后，黑棋不活。

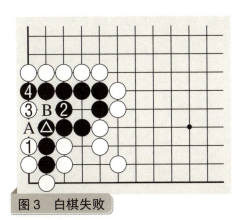

图3　白棋失败

图3　白棋失败

黑△接时，白1的攻击方向错误，此时黑2做眼是好棋，黑棋由此可活。白3、黑4之后，白若A位接，黑有B位吃白接不归的下法。

问题 7

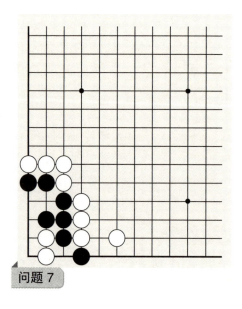

问题 7

黑先。本题若出现在实战中，黑棋很容易会犯错误。请问黑棋如何才能做活？

问题 8

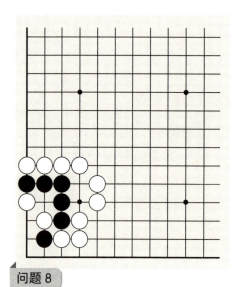

问题 8

黑先。本题虽很简单，但存在着陷阱。黑棋如果下得不对，将会遭到白棋的攻击，从而将净活变成劫活。请问黑棋应怎样下？

问题 7 解说

图 1 正解

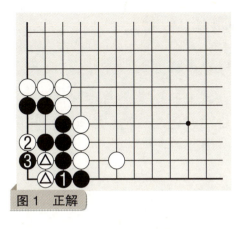

图 1 正解

黑 1 接是不易被发现的做活妙手，白△二子因此被完全吃住。白 2 时，黑 3 倒扑即可。

图 2 变化

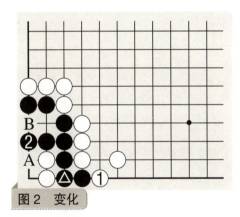

图 2 变化

黑△时，白 1 如果挡，黑 2 下立是要点，黑棋仍可活。其中黑 2 如果下在 A 位，白 B 打后，黑死；黑 2 如下在 B 位，白 A 后成双活。

图 3 失败

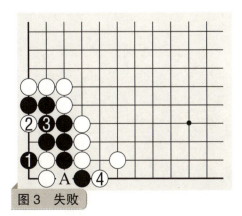

图 3 失败

如果是实战，黑 1 扳的下法很容易出现，而白 2、4 是攻击黑棋的有效手段。A 位不能连接是黑棋的致命弱点。其中白 2 下在 4 位，黑 A 连后，白棋再下 2 位同样可行。

问题 8 解说

图 1 正解

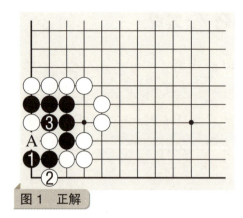

图 1 正解

黑 1 下立是沉着冷静的下法，白 2 时，黑 3 打吃，黑棋可以利用白 A 不入气而做活。

图 2 失败

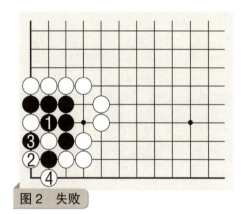

图 2 失败

黑 1 打吃，是初学者经常下的棋。如果这样下可以活棋，我们出此题就毫无价值了。白 2 是必然的攻击手段，黑 3 必须提，白 4 做劫，双方下成打劫。

图 3 变化

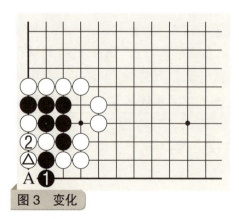

图 3 变化

白下△一子时，黑 1 下立是最坏的选择，此时白 2 可以连接，黑棋被无条件杀死。其后黑 A 提时，白棋在 2 位点即可。

问题 9

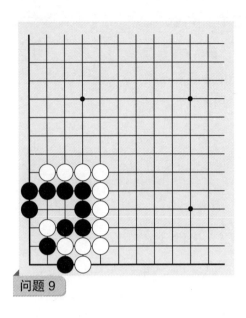

问题 9

黑先。本题与问题8相似，正解只有一个。请问黑棋应如何做活？

问题 10

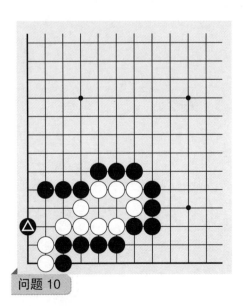

问题 10

白先。黑▲攻击白棋时，白棋应如何有效地防断并确保做活？

问题9 解说

图1 正解

黑1下立是做活的要点，其后黑棋只要在2位或3位中居其一即可活棋。

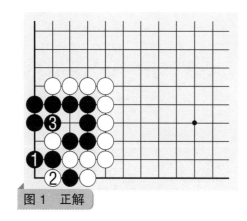

图1 正解

图2 失败1

黑1打，将无法避免下成打劫活。白2扑，黑3提，白4破眼后，这块棋成打劫活。其中黑3如果改在4位提，白在A位提，那样虽然也是打劫，但是先手劫。

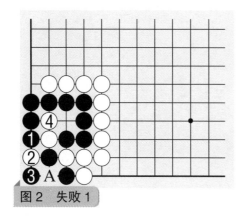

图2 失败1

图3 失败2

黑1打吃，结果与图2相似。以下至白4，双方下成打劫。打劫时，先提劫的一方为先手劫。参照图2的说明可知，先手劫总比后手劫要好些。

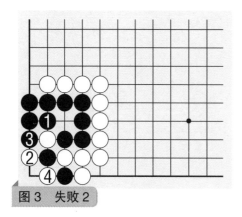

图3 失败2

问题 10　解说

图 1　正解

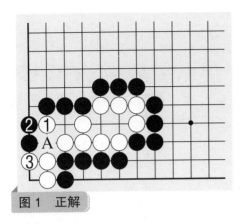

图 1　正解

白 1 尖，迫使黑 2 退，其后白 3 可以确保一眼，从而活棋。黑棋 A 位不能断，是白 1 的作用。

图 2　失败 1

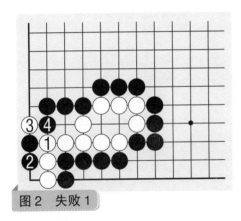

图 2　失败 1

白 1 接正好落入黑棋的陷阱，黑 2 后，白棋已不活。其后白 3 时，黑 4 是基本下法。

图 3　失败 2

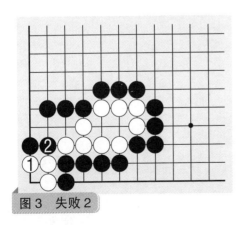

图 3　失败 2

白 1 做眼，黑 2 打吃，白棋惨死。本题虽很简单，但望大家仔细品味正解中白 1、3 的巧妙之处。

问题 11 ▷

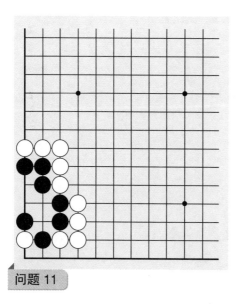

问题 11

黑先。在本题中,黑棋如被白棋双打吃,将肯定不活。请问黑棋应如何补断并确保做活?

问题 12 ▷

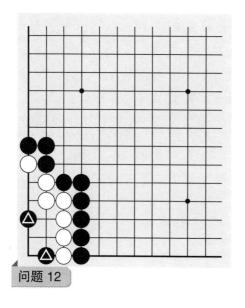

问题 12

白先。如何擒住已深入腹地的黑▲二子将决定白棋的成败。请问白棋应如何选择?注意第一手棋是关键。

问题 11 解说

图 1 正解

黑 1 连接，是兼顾防断和做活的稳健下法。白 2 时，黑 3 做眼即可。

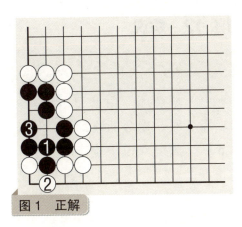

图 1 正解

图 2 失败 1

黑 1 做眼，白 2 扑是严厉的破眼手段，以下黑 3、白 4，双方下成打劫。其中，白 2 如果下在 4 位，黑棋在 2 位接，黑棋即活。

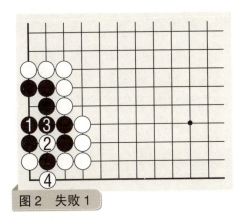

图 2 失败 1

图 3 失败 2

黑 1 提子，被白 2 双打吃后，黑棋不活。这是最坏的结果，是初学者常犯的错误。

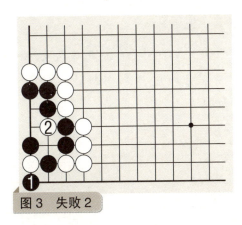

图 3 失败 2

问题 12 解说

图 1 正解

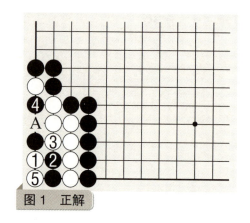

白1是急所，由此可以确保做活。黑2时，白3断吃即可，黑4、白5后，黑棋A位不能连接。

图 2 变化

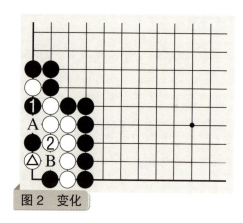

白△时，黑1的下法应引起白棋注意。白2是要领，如此方可活棋。如果白2下在A位，黑棋下在B位，白棋将不活。

图 3 失败

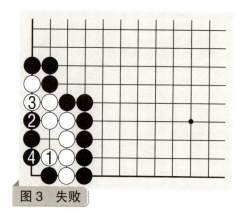

白1打吃，在本题中不成立。此时黑2应后，黑4做劫，白角成打劫活。

问题 13

黑先。在本棋形中，白△点是错误的攻击方法，实际上白棋在A位扳最佳。针对白△的下法，黑棋如何才能确保做活？

问题 14

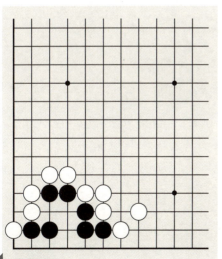

黑先。本题中黑棋如何确保做活？只一手棋即可决定。

问题 13 解说

图 1 正解

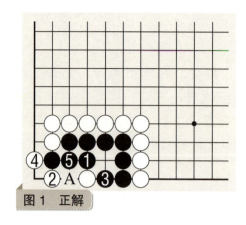
图 1 正解

黑 1 是最佳的应手，也是做活的唯一要点。白 2 虽是手筋，但黑 3、5 后，黑棋可活。其中黑 5 如在 A 位提，将成劫活。

图 2 失败 1

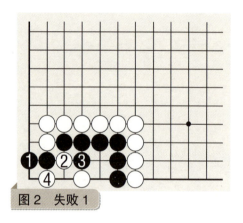
图 2 失败 1

黑 1 下立过于贪心，此时白 2 断极其严厉，黑 3 打吃时，白 4 可以做劫，结果成打劫活。

图 3 失败 2

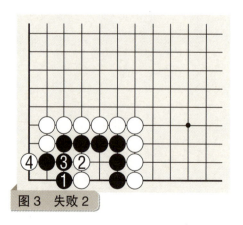
图 3 失败 2

黑 1 倒虎不成功，白 2、黑 3 后，白 4 扳，黑棋即不活。

问题 14 解说

图 1 正解

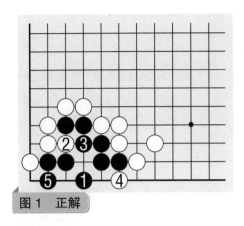
图 1 正解

黑 1 是确保做眼的急所，白 2 冲时，黑 3 挡，其后黑棋只要在 4 位或 5 位中居其一即可活棋。

图 2 失败 1

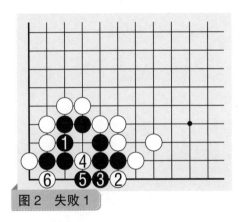
图 2 失败 1

黑 1 挡虽也是一种做活的常用手法，但在本题中不成功。此时白 2 扳是正确的攻击方向，以下进行至白 6，黑棋不活。

图 3 失败 2

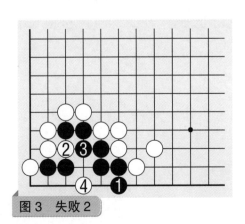
图 3 失败 2

黑 1 下立同样不行，白 2、4 攻击后，黑棋不活。正解中的黑 1 与本图中的白 4 是同一位置，其作用如何，希望大家仔细体会。

问题 15

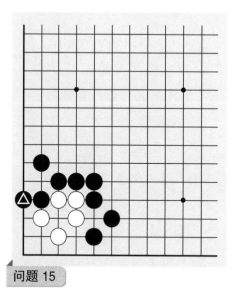

白先。白棋在本题中对黑▲一子应格外留意，否则将惨遭不幸。请问白棋应如何选择？第一手棋是做活的关键。

问题 16

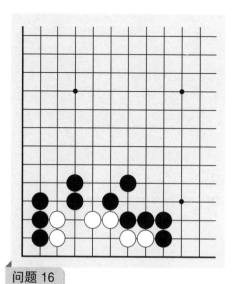

白先。本题是基本死活问题之一。白棋的第一手棋是关键。其后面对黑棋的进攻，白棋能否正确应对也很重要。请问白棋应怎样做活？

问题 15 解说

图 1　正解

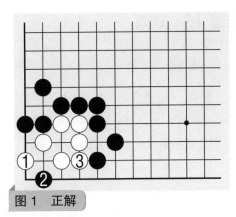

图 1　正解

白 1 尖是巧妙的下法，也是确保活棋的唯一急所。黑 2 点时，白 3 做眼，白棋已活。其中黑 2 如下在 3 位，则白棋下在 2 位，同样可活。

图 2　失败 1

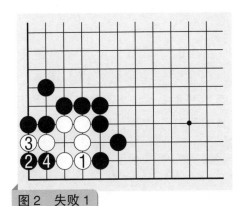

图 2　失败 1

白 1 团虽是常识性的下法，但在本题中由于有黑 2 的严厉手段，故而不成立。至黑 4，白棋不活。

图 3　失败 2

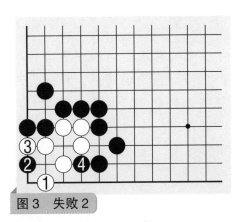

图 3　失败 2

本图中的白 1 尖方向错误，黑 2 占据急所后，白棋不活。以下白 3、黑 4，白棋净死。

问题 16 解说

图 1 正解

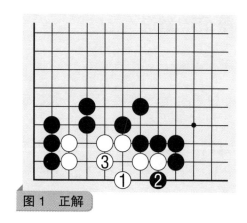

图 1 正解

如能一眼发现白1虎即可活棋，说明围棋死活水平已达到相当的高度。黑2攻击时，白3做眼即活。

图 2 变化

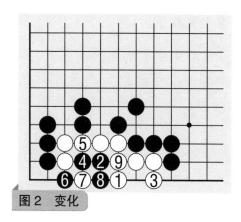

图 2 变化

白1时，黑有2位破眼的变化，此时白3做一个眼是好棋。黑4、6继续攻击时，白5至白9扑吃接不归的手段可以成立。

图 3 失败

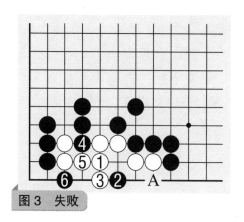

图 3 失败

白1的意思是当黑棋在4位冲时，白棋可在2位做活，但这是白棋单方面的想法。黑2点严厉，白3至黑6后，白棋不活。其中白3如下在4位，黑A扳后，白可活棋。

问题 17

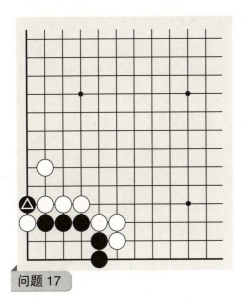

问题 17

黑先。黑棋在本题中应充分利用黑▲一子来做活。第一手棋如果错误,黑棋将彻底失败。请问黑棋应怎样下?

问题 18

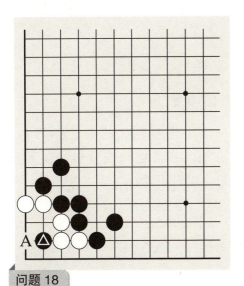

问题 18

白先。本题中的黑▲改在 A 位点才是正确的攻击方法,请问白棋如何利用黑棋所提供的机会来做活?请一手棋解决问题。

问题17 解说

图1 正解

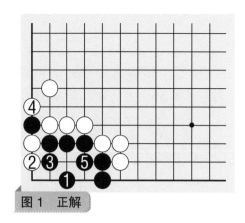
图1 正解

黑1是漂亮的一手，白2长，黑3逼白4提，然后黑5做活。其中白2如果下在4位，黑棋下在2位，黑棋活得更大。

图2 失败1

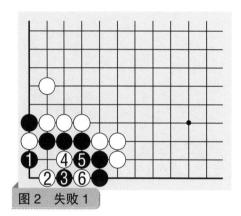
图2 失败1

黑1提子，不可能达到净活的目的。此时白2是急所，黑3、5抵抗，但至白6，黑棋只能下成劫活。

图3 失败2

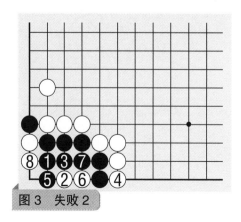
图3 失败2

黑1错误，此时白2点巧妙，黑3时，白4挡又很重要，以下至白8，黑棋不活。

问题 18 解说

图 1 正解

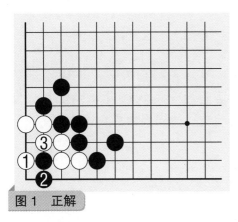

图 1 正解

白 1 夹是做活的手筋，黑 2 时，白 3 做眼，白棋即活。其中黑 2 如果下在 3 位，白棋下在 2 位，白棋同样可活。

图 2 失败 1

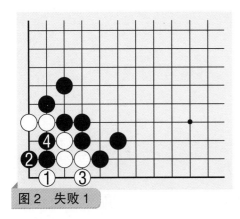

图 2 失败 1

白 1 扳错误，黑 2 立是冷静的攻击方法，其后白 3、黑 4，白棋不活。

图 3 失败 2

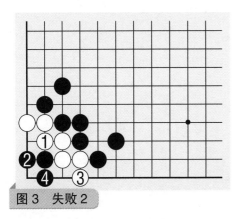

图 3 失败 2

白 1 接同样失误，黑 2 立仍是急所，白 3 时，黑 4 可以下成有眼杀无眼。

问题 19

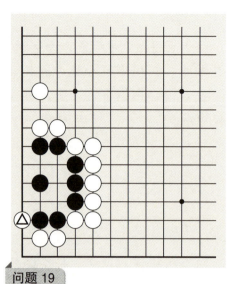

黑先。白△扳时，黑棋做活的方法有两个，现在要求确定其最佳做活法。请问黑棋应如何选择？

问题 19

问题 20

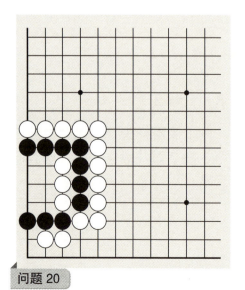

黑先。本题的棋形比较有趣，黑棋可选择的点很多，因此黑棋不妨采用排除法，找出正确答案。请问黑棋应如何选择？

问题 20

问题 19 解说

图 1 正解

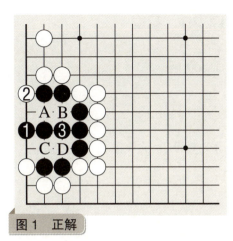

图 1 正解

黑 1 是做活的要点，白 2 扳时，黑 3 应即可。其中白 A 时，黑 B 应；白 C 时，黑 D 应。

图 2 另一方法

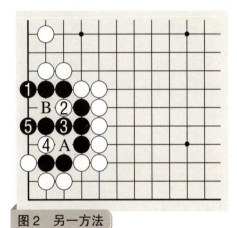

图 2 另一方法

黑 1 也可活棋，白 2 破眼，黑 3 应，白 4 打时，黑 5 弃两子即可活。但白 A 提黑二子是先手，黑 B 必须应，黑棋不满意。

图 3 失败

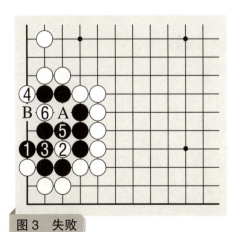

图 3 失败

黑 1 挡中计，白 2、4 是攻击的巧妙次序，其后黑 5 时，白 6 破眼，黑棋无法做活。其中黑 1 如下在 A 位，白 B 点后，黑棋同样不行。

问题20 解说

图1 正解

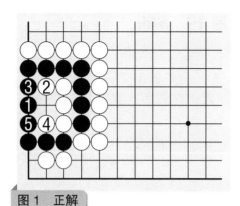

图1 正解

黑1是巧妙的下法，白2、4力图攻击，但至黑5，黑棋已活。黑棋有效地防止了于己不利的结局。

图2 变化

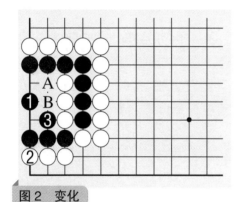

图2 变化

黑1时，白2如在外侧挡，黑3（或在A、B）补棋后，黑棋即可无忧。

图3 失败

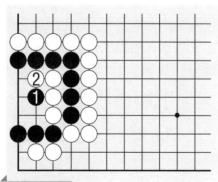

图3 失败

黑1时，白2简单打吃，黑棋即死。因此，正解中的黑1是唯一的做活方法。

问题 21

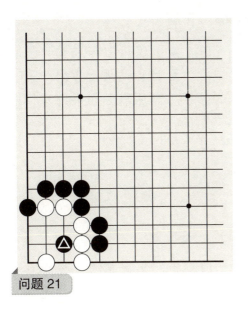

白先。图中的黑△一子如果逃跑,白棋将无法活棋。那么请问白棋如何才能活棋?第一手棋是做活的手筋。

问题 22

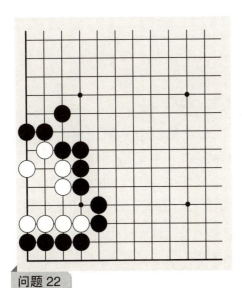

白先。白棋的生存空间虽然不大,但仍有摆脱厄运的方法。请问白棋应怎样谋求做活?

问题21 解说

图1 正解

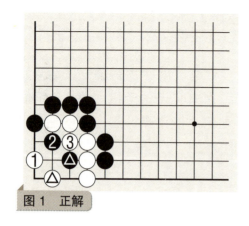
图1 正解

白1尖不仅可以与白△一子联合做眼，而且也是阻止黑△一子逃跑的妙手。其后黑2如果打吃，白3连接即可。

图2 失败1

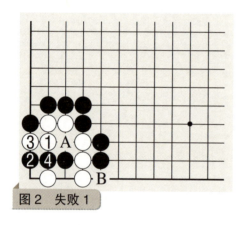
图2 失败1

白1曲，想吃住黑一子，但黑2点锐利，白3挡下，黑4连接，白如在A位连接，黑在B位打吃，白棋无法做活。

图3 失败2

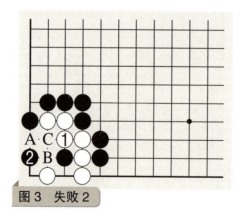
图3 失败2

白1接过于平庸，黑2点则是致命一击，白无法活棋。黑2这手棋如果下在A位，白棋下在2位，其后黑B、白C，双方将下成打劫。

问题 22 解说

图 1 正解

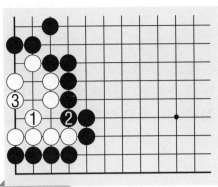

图 1 正解

白棋为了活棋，先后退一步是明智之举，其后白棋只要在 2 位或 3 位占据其一即可活。

图 2 失败 1

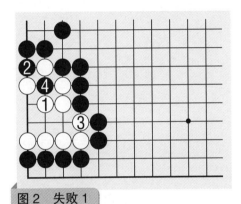

图 2 失败 1

白 1 虽然也可说是一种后退，但仍不完全，黑 2 打吃，白 3 挡，黑 4 提子后，白棋只能下成打劫活。

图 3 失败 2

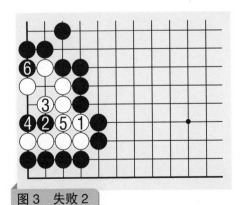

图 3 失败 2

白 1 挡，只能招来被杀的厄运。黑 2 点是攻击的急所，白 3 抵抗时，黑 4 打吃，白 5 只好连接，黑 6 则破眼，白棋不活。

问题 23

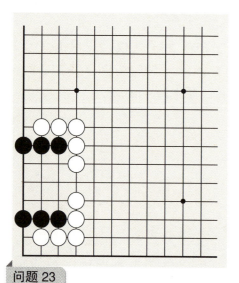

黑先。"两边同形走中央",这是围棋的格言。目前相当于中央的位置有三处,请问哪一位置是真正的急所?

问题 24

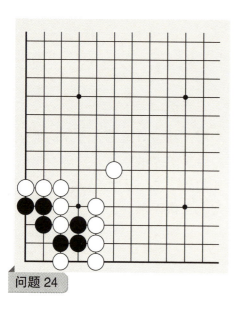

黑先。本题中的黑棋如果稍有疏忽,必将遭到白棋的猛烈攻击,从而断绝了活路。请问黑棋应如何选择?

问题 23 解说

图 1 正解

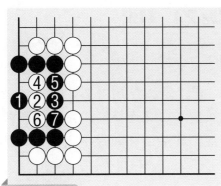

图 1 正解

黑 1 是"两边同形走中央"的位置，也是本题中做活的要点。白 2 攻击，黑 3 应，至黑 7，可下成双活。

图 2 变化

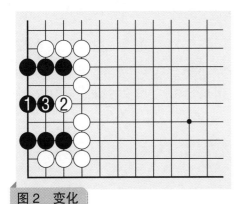

图 2 变化

黑 1 时，白 2 尖，黑 3 顶又是急所，黑棋可活。

图 3 失败

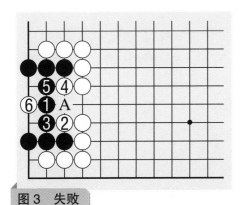

图 3 失败

黑 1 虽是中间位置，但却不是急所，白 2、4 冲后，白 6 点，黑棋不活。其中黑 1 如果下在 A 位，白棋以同样的方法攻击，黑棋也不活。

问题24 解说

图1 正解

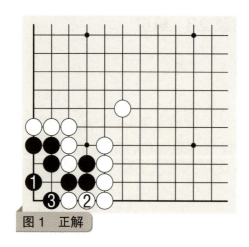
图1 正解

黑1是冷静的好棋,也是本题的正解。白2连接时,黑3可安然做活。其中白2如果下在3位,黑棋下在2位,白棋损。

图2 失败1

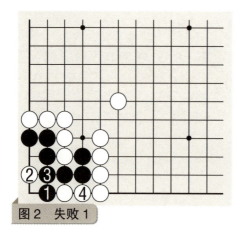
图2 失败1

黑1挡,希望白棋下在4位,然后黑棋在2位做活,但实际上是黑棋的错觉。白2点非常严厉,黑3、白4后,黑棋不活。

图3 失败2

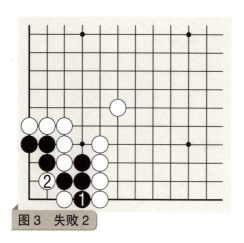
图3 失败2

黑1断过于轻率,白2一打吃,黑棋即一败涂地。初学者容易下出这种随手棋。

问题 25

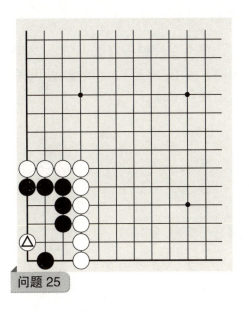

问题 25

黑先。本题的棋形大家已很熟悉。白△点时，黑棋必须做出两个独立的眼来。请问黑棋应如何选择？打劫对黑棋来说就意味着失败。

问题 26

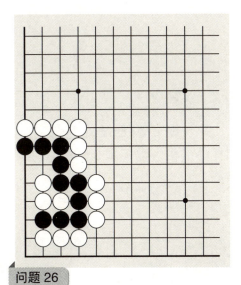

问题 26

黑先。黑棋如果让白棋三子逃跑，黑棋肯定不活。请问黑棋应如何动作？

问题 25 解说

图 1 正解

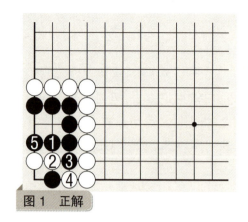
图 1 正解

黑 1 是冷静的好棋，白 2、4 攻击时，黑 3、5 应对，黑棋运用吃倒包的手段活棋。

图 2 失败 1

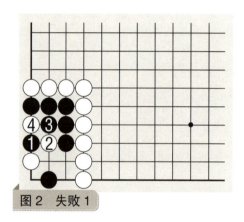
图 2 失败 1

黑 1 会遭到白 2 的反击，黑 3 打吃时，白 4 提子，结果双方打劫，黑棋失败。

图 3 失败 2

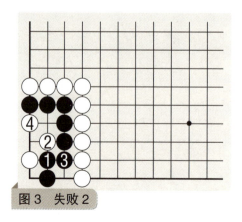
图 3 失败 2

黑 1 是不负责任的下法，白 2 则抓住战机，以下黑 3、白 4，黑棋净死。

问题 26 解说

图 1 正解

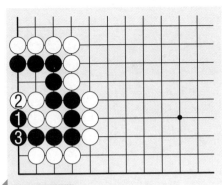

图 1 正解

黑 1 扳是非凡的下法，由此不仅可以切断白棋三子，而且还可以确保做活。白 2 时，黑 3 连接，黑棋最少可下成双活。

图 2 失败 1

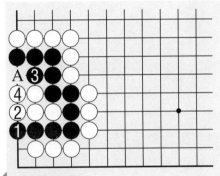

图 2 失败 1

黑 1 下立，虽可切断白棋，但由于白 2 是攻击的要点，黑棋失去了做活的机会。以后黑 3、白 4，黑棋是 "刀五" 死棋。其中黑 3 如果下在 4 位，白 A 提子后，白棋有眼杀无眼。

图 3 失败 2

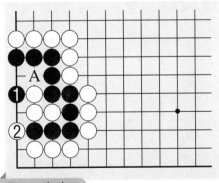

图 3 失败 2

黑 1 看似可行，但被白 2 渡过后，黑棋只有面对被杀的厄运。A 位不入气是黑棋的痛苦。

问题 27 ▶▶

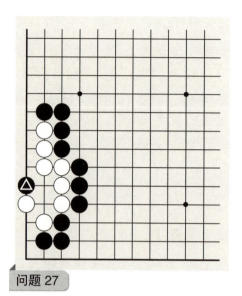

问题 27

白先。黑❷一子的位置非常棘手，白棋用何种方法来吃这个子将是做活的关键。请问白棋应如何选择？第一手棋将决定白棋的命运。

问题 28 ▶▶

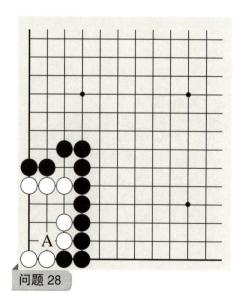

问题 28

白先。本图白棋对 A 位弱点的补法，必须创造性地思考，以寻求最佳方案。目前白棋补 A 位断点的方法有四种，请问白棋应如何选择？

问题 27 解说

图 1 正解

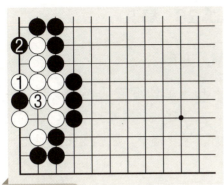

图1 正解

白1是做活的唯一一手,黑2扳时,白3可以安然做活。白1后,2位或3位白棋居其一即可活棋。

图 2 失败 1

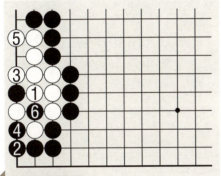

图2 失败1

白棋如不留神,很有可能会下出白1这手棋,这样下虽然看似可活,但黑2立的攻击手段可以成立,以下进行至黑6,结果下成劫活。

图 3 失败 2

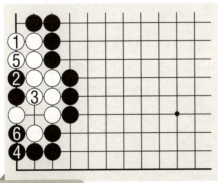

图3 失败2

白1下立过于贪心,而黑2则锐利无比,白3不得已打吃时,黑4下立,结果白棋净死。

问题 28 解说

图 1 正解

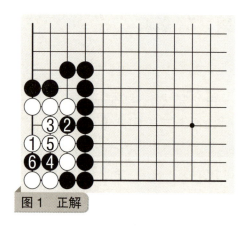

图 1 正解

白 1 是创造性的构想。黑 2 冲时，白 3 挡住，黑 4 打双吃，白 5 粘上方，黑 6 提子，后续变化见图 2。

图 2 正解继续

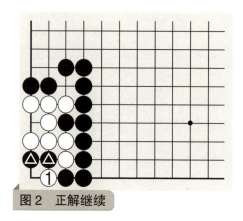

图 2 正解继续

其后白 1 倒扑妙极，由此可以做活。正解中白 1 的手筋，大家应该记住。

图 3 失败

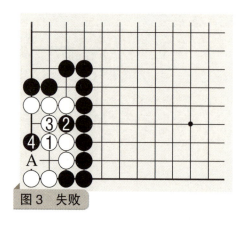

图 3 失败

类似白 1 这样的防守，白棋将不可能活棋。黑 2、4 简单进行后，白棋即死。其中黑 4 如果下在 A 位，白棋下在 4 位，会还原成正解的进行。

问题 29 ▶▶

黑先。本图中黑棋的生存空间虽然很小，但活起来却很容易。角上的急所在很多情况下既是做活的要点，也是杀棋的要点。那么请问黑棋应如何选择？

问题 29

问题 30 ▶▶

黑先。白△点后，黑棋如何才能确保两只眼做活？要求一手棋轻松解决问题。

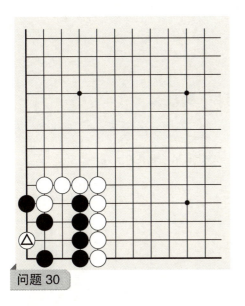

问题 30

问题 29 解说

图 1 正解

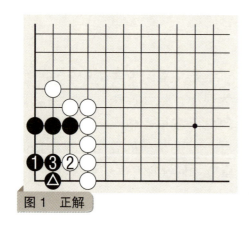

图 1 正解

黑 1 尖是做活的要点，由此可以与黑△子形成呼应，从而保证了黑棋上下各可获得一只眼。

图 2 失败 1

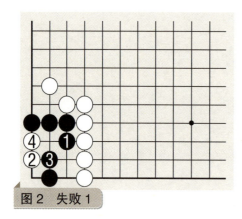

图 2 失败 1

黑 1 挡计算错误，白 2 是攻击的要点，黑棋无活路。以下黑 3、白 4，黑棋不活。

图 3 失败 2

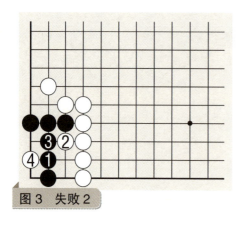

图 3 失败 2

黑 1 也不可能活棋，白 2、4 简单破眼后，黑棋即死。

问题 30 解说

图 1 正解

黑 1 做眼是正解，其后黑棋只要在 2 位或 3 位中居其一即可活棋。

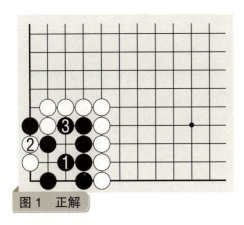

图 1 正解

图 2 失败 1

黑 1 挡，希望白 A 断，然后黑 3 可以做活，但这只是黑棋单方面设想。白 2 极其严厉，以下黑 3、白 4，结果黑棋不活。其中黑 3 如果下在 A 位，白棋下在 3 位，黑棋同样不活。

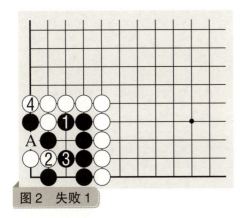

图 2 失败 1

图 3 失败 2

黑 1 接过于平庸，白 2 严厉，黑 3 时，白 4 继续破眼，黑棋不活。其中黑 3、白 4 如果互换位置，黑棋也不能活。如白 2 误走 4 位，则黑下在 2 位活棋。

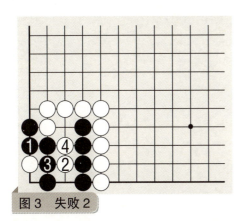

图 3 失败 2

问题 31

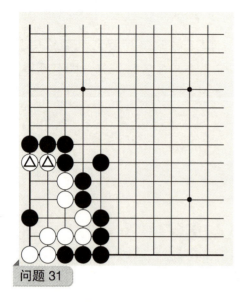

问题 31

白先。在本题中白棋如想活棋，必须牺牲白△二子。请问白棋应怎样下？第一手棋必须下对。

问题 32

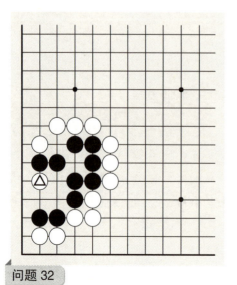

问题 32

黑先。白△攻击黑棋时，黑棋阻止白△渡过是必然的选择。那么请问黑棋应如何下？注意第一手棋有点出人意料。

问题 31 解说

图 1 正解

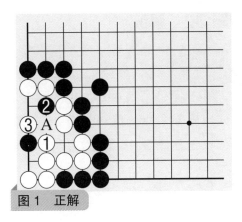

图 1 正解

白 1 先做出一只眼是活棋的要领，黑 2 断打也是当然的，白 3 后，白棋已安全做活。其中白 3 如果改在 A 位打，黑 3 应后，白棋不活，这一点应该注意。

图 2 失败 1

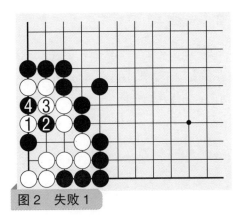

图 2 失败 1

白 1 看似急所，但是离无条件做活还存在差距。黑 2 打吃，白 3、黑 4 之后，白棋不可避免地下成打劫活。其中黑 2 如果下在 3 位，白棋下在 2 位，白棋可活。

图 3 失败 2

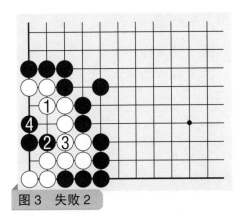

图 3 失败 2

白 1 连接，如能无条件活棋当然好，但黑 2 与白 3 先手交换后，黑 4 继续破眼，白棋不活。

问题 32 解说

图 1 正解

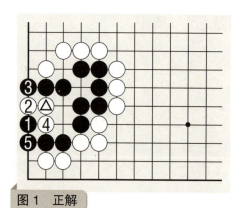
图 1 正解

黑 1 尖是解消白⚛作用的妙手，或许也出乎白棋的意料。白 2、4 若继续攻击，黑 3、5 应后，黑棋活得很大。

图 2 失败 1

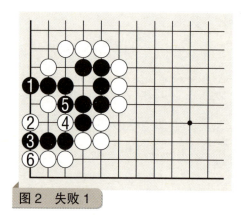
图 2 失败 1

黑 1 立下过于固执，正合白棋的心意。白 2 严厉，黑 3 如果断，白 4、6 可以吃倒扑。

图 3 失败 2

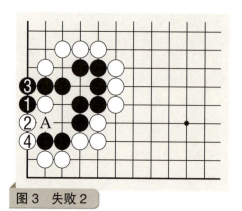
图 3 失败 2

黑 1 扳同样不活，白 2、4 渡过之后，黑棋 A 位不入气。

问题 33

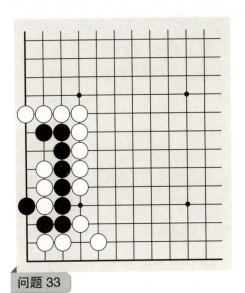

黑先。解本题虽然比较困难，但只要能发现第一手棋，前途将一片光明。请问黑棋应如何下法？

问题 33

问题 34

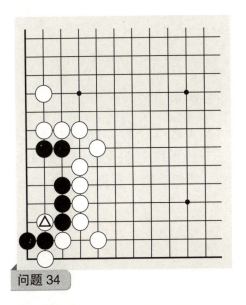

黑先。白△攻击黑棋时，黑棋如何才能确保做活？

问题 34

问题33 解说

图1 正解

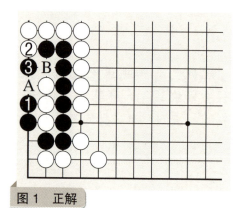

图1 正解

黑1是做活的急所，白2时，黑3挡住，结果双方下成双活。大家应该注意，白棋千万不能在A位或B位落子。

图2 失败1

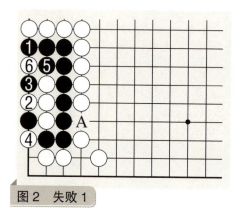

图2 失败1

黑1挡看似有力，但白2是破眼的强手，黑棋不能如愿。其后黑3、5至多做劫。黑3如下在4位，白可下A位，黑棋不活。

图3 失败2

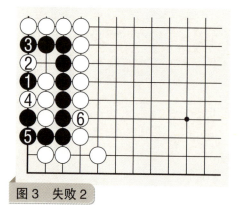

图3 失败2

黑1选点不对，白2至白6之后，白棋下成有眼杀无眼。如果是实战，黑棋很容易犯类似的错误。

问题 34 解说

图 1 正解

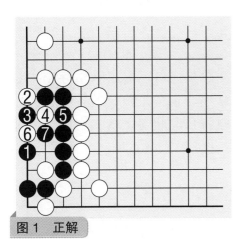

图 1 正解

黑 1 是妙手,白 2 扳虽是攻击的常法,但黑 3 挡又是好手,白 4 时,黑 5、7 吃接不归。

图 2 失败

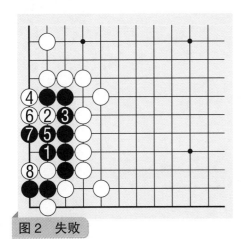

图 2 失败

黑 1 直接打吃不可能活棋,白 2 是破眼的要领,黑 3 至黑 7 虽竭尽全力,但白 8 是决定性的一击,结果黑棋不活。

图 3 白棋失败

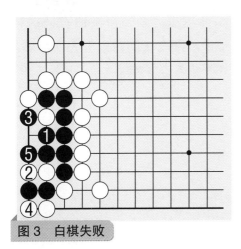

图 3 白棋失败

黑 1 打吃时,白 2 操之过急,其后黑 3 提子,白 4 只好同样提子,至黑 5,黑棋可以活棋,结果白棋失败。

问题 35 ▶

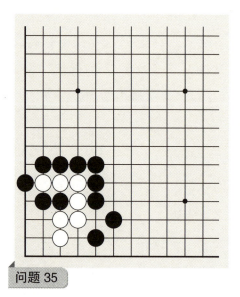

问题 35

白先。白棋看起来生存空间过于狭小，但角上变化的多样性又给白棋提供了机会。请问白棋如何才能活棋？

问题 36 ▶

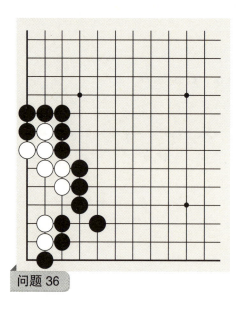

问题 36

白先。本图中的棋形如果作为死活题提出，大家可能会解答出来，但如果在实战中，白棋能否活棋则很难说。那么请问白棋应如何活棋？第一手棋非常关键。

问题 35 解说

图 1 正解

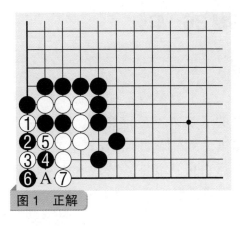

图 1 正解

白 1 先扑是妙手,黑 2 只好提子,白 3 又是手筋,以下进行至白 7,以后白棋可在 A 位吃黑接不归,因而白棋可活。

图 2 变化

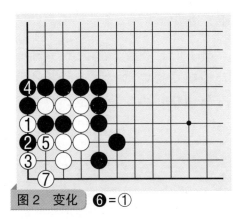

图 2 变化 ⑥=①

如果是在实战中,白 1、3 时,黑 4 只好接上,白 5、7 可以做活。

另外黑 2 下在 5 位不行,希望大家自行确认一下。

图 3 失败

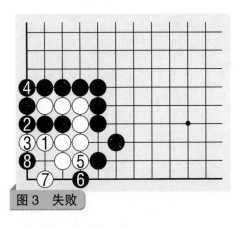

图 3 失败

白 1 直接打吃,令人非常遗憾,黑 2 以下至黑 8 进行后,白棋不活。

问题 36 解说

图 1 正解

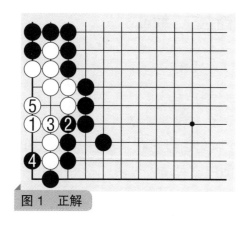

图 1 正解

白 1 尖是眼形的急所，类似这样的下法大家应该熟记，对今后的赢棋会大有帮助。黑 2 时，白 3 挡，其后白棋只要在 4 位或 5 位中居其一即可活棋。

图 2 变化

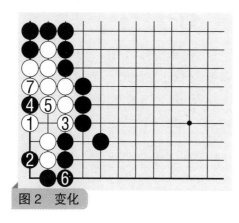

图 2 变化

白 1 时，黑 2、4 攻击虽然严厉，但白 5 打吃时，黑 6 连接不足以威胁白棋，白 7 提子后，白棋已净活。

图 3 失败

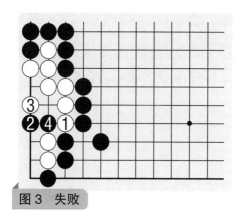

图 3 失败

白 1 挡虽是常识性下法，但由于黑 2 点、黑 4 断后，白棋两侧均不入气，白棋不活。

问题 37

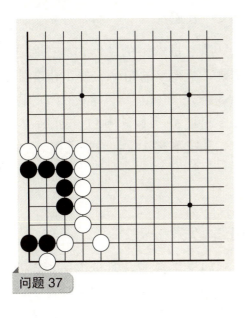

问题 37

黑先。本题中的黑棋如果稍有疏忽，将难免一死。因此本题是要考察的是计算能力。请问黑棋如何才能活？

问题 38

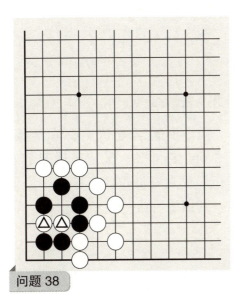

问题 38

黑先。黑棋如果在实战中遇到这种棋形，很可能会失误。请问黑棋如何压制白△二子并且做活？

问题37 解说

图1 正解

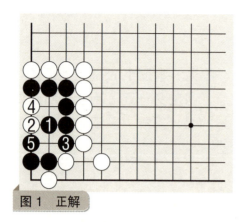

黑1是做活的急所，也是经过精确计算得出的结论。白2进攻时，黑3挡是好棋，白4若继续破眼，黑5打吃即可。其中白4如下在5位，黑棋下在4位，也是活棋。

图2 失败1

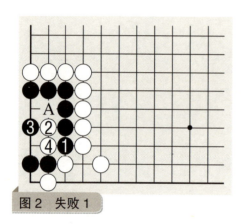

如果是实战，黑棋很可能选择黑1挡，那么白2点非常严厉，黑3时，白4断，黑棋由于A位不入气而不活。

图3 失败2

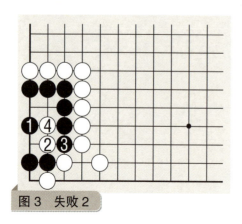

黑1有点异想天开，白2扳，黑3断，白4长，又还原成图2的进行。如白在2位团，黑在3位做眼，则白棋可活。

问题 38 解说

图 1 正解

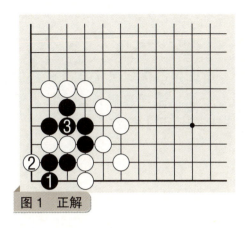

图 1 正解

黑 1 是具有创造性的下法，白 2 时，黑 3 打吃，黑棋可确保活棋。

图 2 失败 1

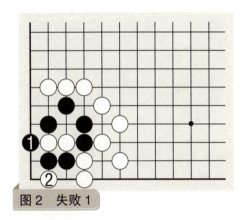

图 2 失败 1

实战中黑棋在 1 位打吃的可能性很大，但白 2 是攻击急所，结果黑棋不活。

图 3 失败 2

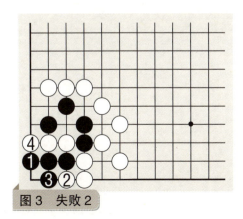

图 3 失败 2

黑 1 同样难免失败的命运，白 2 后，黑棋即无对策。白 2 下在 3 位，结果也一样。因此类似正解中的黑 1，虽然不很起眼，但却是值得学习的好棋。

问题 39

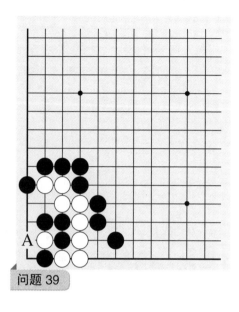

白先。白棋如果让黑棋在A位提去一子，整块白棋肯定不活。请问白棋如何下才能活？

问题 39

问题 40

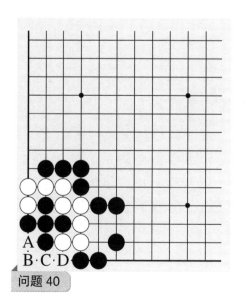

白先。白棋现在可以下棋的地方只有A、B、C、D四处，请问白棋如何下才能活棋？

问题 40

问题39 解说

图1 正解

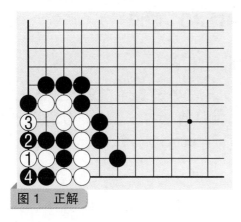

图1 正解

白1下立是必然下法，黑2也是当然的，此时白3扑，黑4只有提子，后续变化见图2。

图2 正解连续

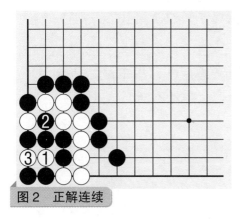

图2 正解连续

其后白1打可以成立，黑2时，白3可以提子，黑棋接不归。

图3 失败

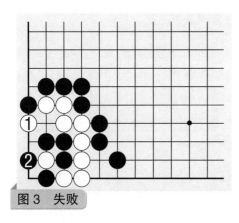

图3 失败

白1打吃，肯定免不了失败的命运。黑2提去白棋一子，以后白棋即使吃住角上的黑子，也仅仅下成"葡萄六"的棋形，仍然不活。

问题 40 解说

图 1 正解

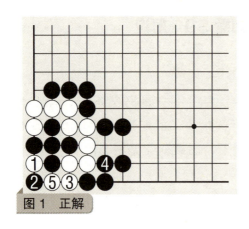

图 1 正解

白 1 扑是避免下成"葡萄六"的唯一方法，黑 2 后，白 3、5 收气，白棋巧妙做活。

图 2 失败 1

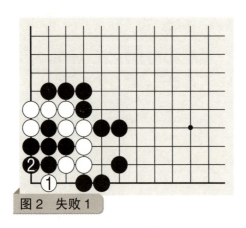

图 2 失败 1

白 1 打吃是典型的失败下法，黑 2 应后，白棋下成"葡萄六"的棋形，定然不活。

图 3 失败 2

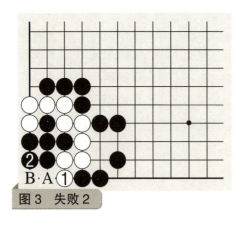

图 3 失败 2

白 1 下立是最易犯的错误，黑 2 应是好棋，今后白棋只好下 A 位并在 B 位提子，仍不活。

问题 41

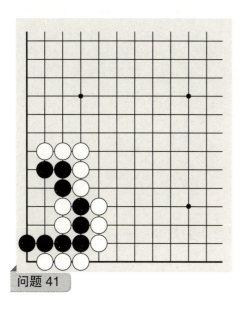

问题 41

黑先。在本图中黑棋如果仅仅认为只要吃住白棋二子即可万事大吉，那将大错特错。请问黑棋如何才能确保做活？

问题 42

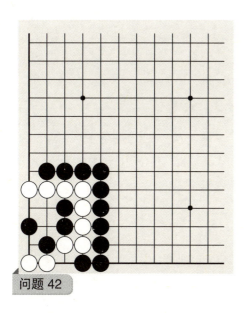

问题 42

白先。本图中的白棋面临两个问题，一是怎样处理存在的断点，二是如何才能做活。请问白棋如何才能一举两得？

问题 41 解说

图 1 正解

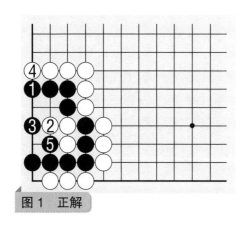

图 1 正解

黑 1 下立是做活的急所，不仅可以解消白棋二子的作用，而且也可确保做活的空间。白 2 时，黑 3 应是要领，至黑 5，黑棋可活。

图 2 失败 1

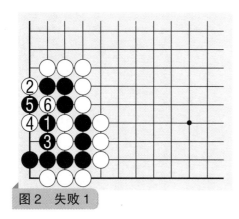

图 2 失败 1

黑 1 直接打吃虽是常识，但此时却面临新的问题。白 2 可以反打，黑 3 必须提子，以下白 4、黑 5，黑棋只能抛劫。

图 3 失败 2

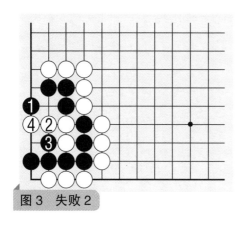

图 3 失败 2

黑 1 尖，白 2 曲破眼，黑 3 时，白 4 下立，黑棋由于两侧都不能入气，结果只能束手就擒。

问题 42 解说

图 1 正解

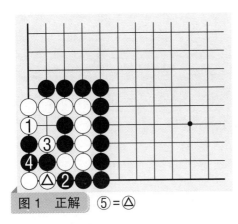

图 1 正解　⑤=△

白1是防黑攻击并可确保做活的急所，黑2时，白3、5倒扑可以成立。

图 2 失败 1

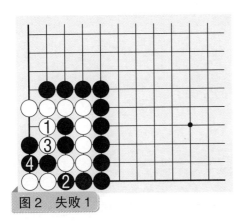

图 2 失败 1

白1打吃，其意是让黑棋在3位连接，但黑棋有黑2断的下法，白棋失败。

图 3 失败 2

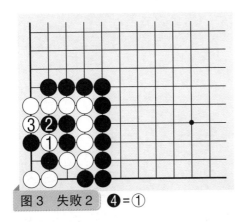

图 3 失败 2　❹=①

白1、3看似很好，但实际上是白棋的错觉，至黑4连接后，白棋角上是"葡萄六"，不活。

问题 43

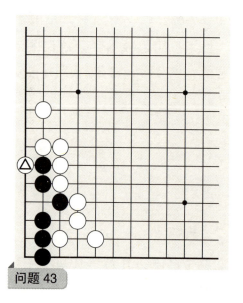

问题 43

黑先。白⊙扳时，黑棋如果应对有误，将难免一死。请问黑棋如何才能活棋？

问题 44

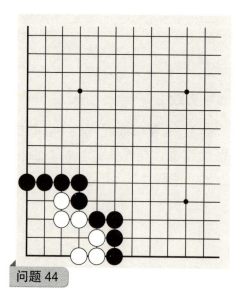

问题 44

白先。本题中白棋能否做活？进一步说就是能否打劫活？其最佳结果和行棋次序是什么？

问题 43 解说

图 1 正解

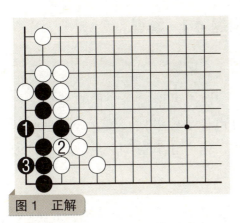

黑 1 后退一步是正确的下法，白 2 打吃是必须的，黑 3 做眼后，可下成打劫活。这是双方最佳的结果。

图 1 正解

图 2 失败 1

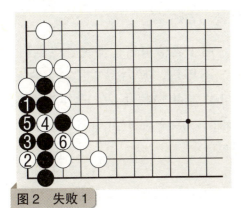

黑 1 挡，白 2 点严厉，黑棋将无法做活。其后黑 3 时，白 4、6 破眼是基本手法。

图 2 失败 1

图 3 失败 2

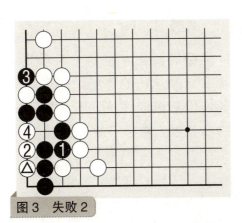

白△时，黑 1 连接，但被白 2 破眼后，黑棋仍不活。其后黑 3 时，白 4 应即可。

图 3 失败 2

问题44 解说

图1 正解

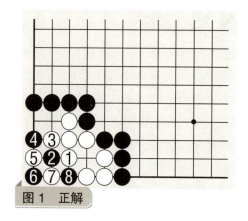

图1 正解

白1先做出一个眼是正解，而且也是最佳下法。黑2攻击虽很凶狠，但白3至白7之后，白棋可以打劫活。

图2 失败1

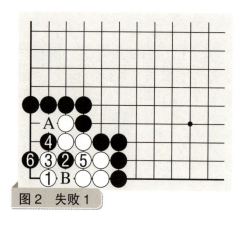

图2 失败1

白1看似可行，但黑2点锐利，白3不得已，其后黑4是决定性的一击，结果白棋不活。黑棋在下黑6之前，黑A先手与白B交换当然也行。

图3 失败2

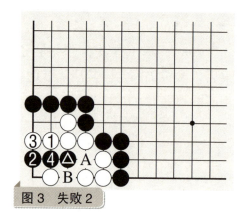

图3 失败2

黑△时，白1也是一种变化，但黑2点是攻击的急所，白棋没有活路。但黑棋应注意，黑A如果先与白B交换，白棋可活。

问题 45

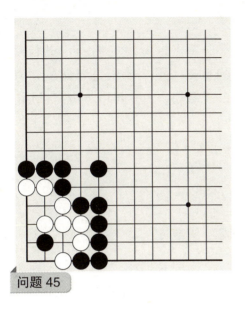

问题 45

白先。本题中的白棋或许自己都认为不可能活棋而处于绝望之中，但实际上白棋的生存之路并未完全堵死。请问白棋应如何下？

问题 46

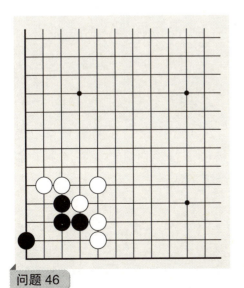

问题 46

黑先。黑棋如何利用角上的一个黑子而做活这块棋？黑棋如果能判断正确，一手棋即可解决问题。请问黑棋应如何下？

问题 45 解说

图 1 正解

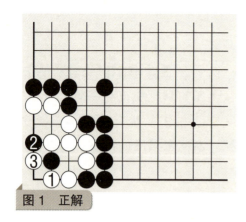

图1 正解

白1占据做活的急所，进行最后的抵抗。黑2攻击是当然的，其后白3做劫，白棋可以下成打劫活。

图 2 失败 1

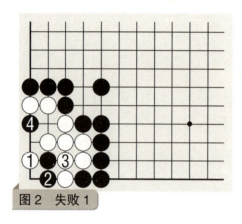

图2 失败1

白1扳看似棋形的要点，但由于白棋的外气都已被收紧，因而不可能活棋。其后黑2、4是攻击白棋的好次序。

图 3 失败 2

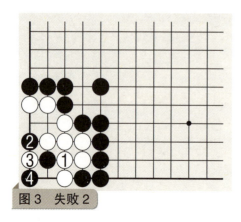

图3 失败2

白1连接，是没有看到黑2扳的错误下法。白3扑，黑4提，结果白棋不活。

问题46 解说

图1 正解

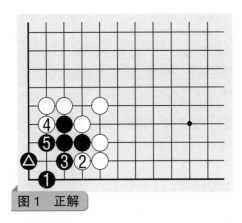

图1 正解

黑1占据急所,与△子形成呼应是确保活棋的唯一下法。白2、4时,黑3、5挡住即可。

图2 失败1

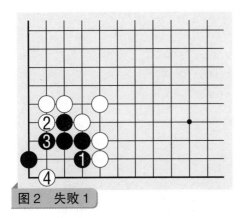

图2 失败1

黑1挡无谋,白2、4简单应对,黑棋就不活。其中白2先在4位点同样可行。

图3 失败2

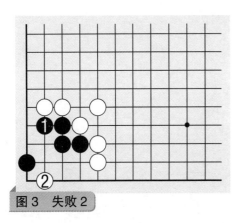

图3 失败2

黑1在上面挡同样不行,白2大飞后,白棋即可轻松吃住黑棋。

问题 47

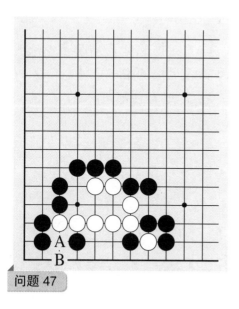

问题 47

白先。白棋在上边已确保一眼，还须在下边做出另一只眼。请问白棋应如何下？如能先做白A、黑B的准备当然好。

问题 48

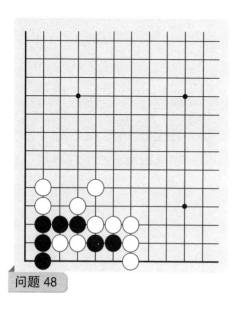

问题 48

黑先。本题中的黑棋如果仅用平常的手段肯定不行，但绝处逢生更有妙味。请问黑棋如何下法才能确保做活？

问题 47 解说

图 1 正解

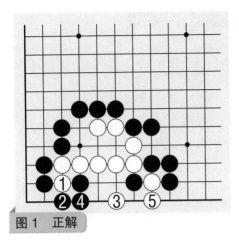

图 1 正解

白 1 先与黑 2 交换是准备工作，其后白 3 跳绝妙，黑 4 如果连接，白 5 下立，白棋即可做活。

图 2 变化

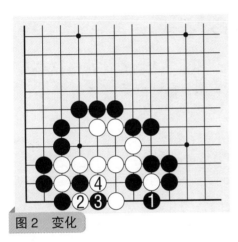

图 2 变化

正解中的黑 4 如果下成本图中的黑 1 提，那么白 2、4 吃接不归的手段可以成立。

图 3 失败

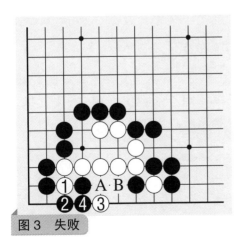

图 3 失败

白 1 与黑 2 交换虽然是正确的，但白 3 则明显计算有误，黑 4 连接后，白无后续手段。另外大家还应注意，白 3 如果下在 A 位或者 B 位均不行。

问题48 解说

图1 正解

黑1是巧妙的一手,白2打吃时,黑3长多送一子又是巧妙的下法,白4提子,后续变化见图2。

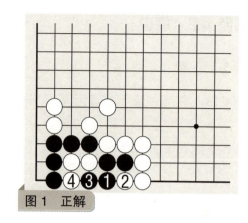

图1 正解

图2 正解继续

其后黑1断打,吃住白△三子后,黑棋自然可活。

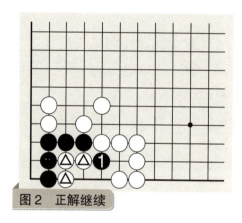

图2 正解继续

图3 失败

类似黑1打吃这样的普通下法,黑棋肯定不能活棋。白2、4则是大家熟悉的基本破眼方法。

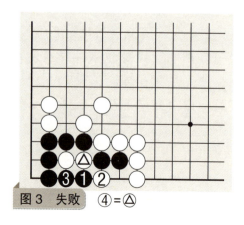

图3 失败　④=△

问题 49

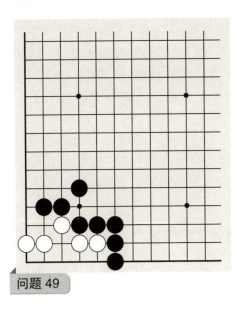

白先，本题中的白棋只有一条活路，请问白棋应如何下？

问题 49

问题 50

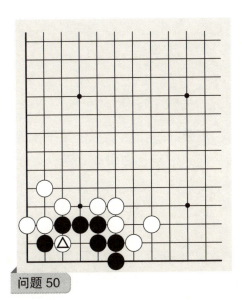

黑先。黑棋如何吃白△一子是能否活棋的关键。打劫活对黑棋来说即意味着失败。第一手棋非常重要。请问黑棋应如何下？

问题 50

问题49 解说

图1 正解

白1挡是唯一的下法，黑2破眼时，白3先做出一眼，以下黑4、白5是必然的，后续变化见图2。

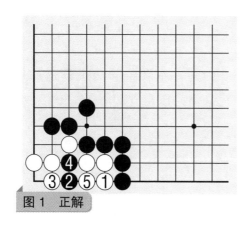
图1 正解

图2 正解继续

其后黑1扑，白2应稳健，黑3提子后，白4可以吃回二子，结果白棋可活。

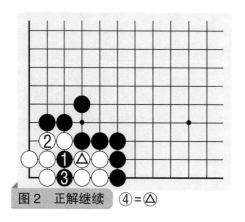
图2 正解继续 ④=△

图3 失败

黑△扑时，白1提子等于投降，黑2简单破眼，白棋即不活。

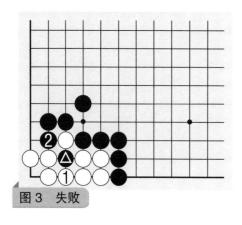
图3 失败

问题 50 解说

图 1 正解

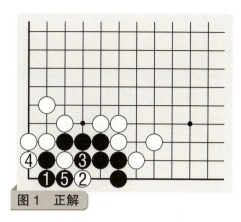

图1 正解

黑1下立是急所，白2时，黑3、5可以安稳做活。

图 2 失败 1

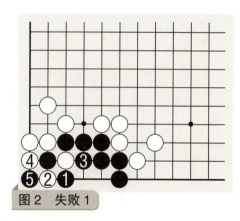

图2 失败1

黑1打吃过于平常，白2扑严厉，黑3只能提，以下白4、黑5，下成打劫活。其中黑3如果下在5位，白棋可以先手提劫。

图 3 失败 2

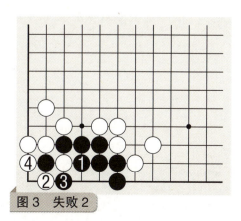

图3 失败2

黑1打吃，白2同样是急所，至白4，又还原成图2的进行。

问题 51

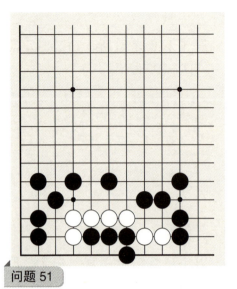

问题 51

白先。黑棋四子由于已被白棋吃住，白棋在下棋时很容易忽视，从而招致不幸。请问白棋如何才能活棋？

问题 52

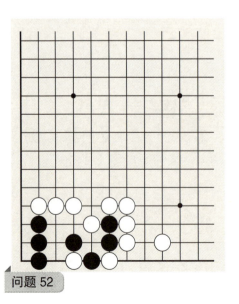

问题 52

黑先。本题的棋形虽给人一种人为设置的感觉，却是练习死活的极好题材。黑棋如能下成打劫活即告成功。请问黑棋怎样下？

问题 51 解说

图 1 正解

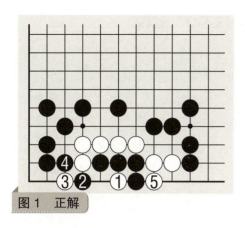

图1 正解

白1是做活的手筋，其后黑2、4也无济于事，结果白棋可活。

图 2 失败 1

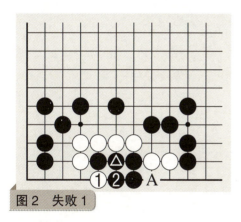

图2 失败1

白1单扳是错误下法，黑2应是好棋，其后白A时，黑棋在▲位点即可杀死白棋。

图 3 失败 2

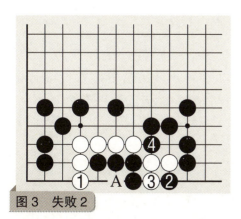

图3 失败2

白1下立同样不成立，黑2、4简单进行后，白棋即不活。其中黑2如果下在A位，白棋也不活。

问题52 解说

图1 正解

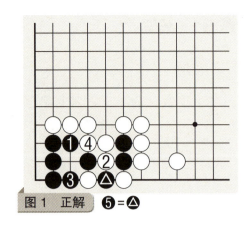

图1 正解 ❺=▲

黑1挡是不易为大家发现的急所，白2只好提，以下黑3、白4之后，黑棋打劫活。

图2 失败1

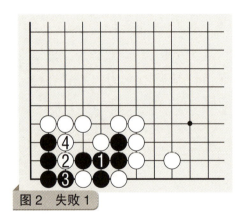

图2 失败1

黑1接是失败的典型下法，白2反打，结果黑棋不活。

图3 失败2

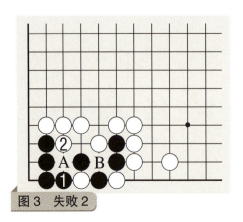

图3 失败2

黑1提同样只能以失败告终。白2破眼，其后白棋在A位或B位中必居其一，因而黑棋不活。

问题 53

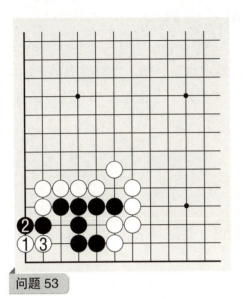

问题 53

黑先。白1、3攻击黑棋,其后双方如果均按最好的下法,黑棋可以打劫活。请问黑棋应如何下?

问题 54

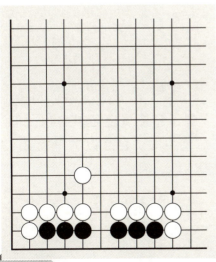

问题 54

黑先。本题比较简单,出此题的目的是让大家在解前后题的紧张之余,放松一下。不过黑棋如果应对错误,也会失败。请问黑棋应怎样下?

问题53 解说

图1 正解

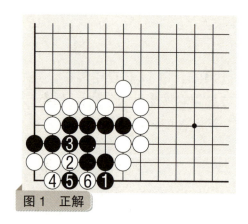
图1 正解

黑1下立是做活的急所，白2、4可以抵抗，以下进行至白6，双方下成打劫。但由于黑棋有四口外气，因而说黑棋已活并不过分。

图2 变化

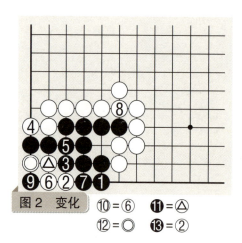
图2 变化　⑩=⑥　⑪=△　⑫=○　⑬=②

黑1时，白2如果尖，黑3至黑9进行后，白10点，黑11、13正确应对，黑棋可以净活。

图3 失败

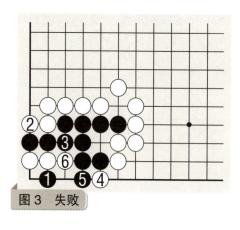
图3 失败

黑1从感觉上虽然可以，但结论却是失败。白2以下至白6，下成假双活，黑棋不行。

问题 54　解说

图 1　正解

黑 1 在中间下棋是做活的唯一要点，白 2、黑 3 后，黑棋即活。

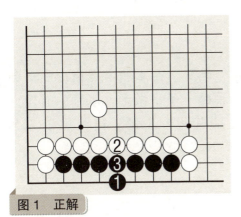

图 1　正解

图 2　失败 1

黑 1 接是失败之举，以下进行至白 6，黑棋不活。

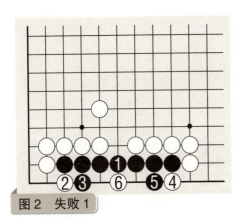

图 2　失败 1

图 3　失败 2

黑 1 虎，白棋如在 5 位挡住，黑棋在 A 位应可以劫活。但白棋可以不这样下，由于有白△子的存在，白 2 至白 6 进行后，白棋可以净吃黑棋。

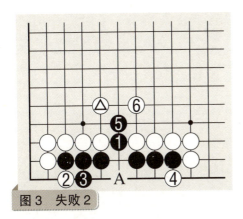

图 3　失败 2

问题 55

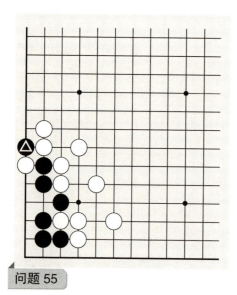

黑先。在本题中黑棋应充分利用黑△一子来做活。本题的有趣之处是有两个正解。请问黑棋应如何下？

问题 55

问题 56

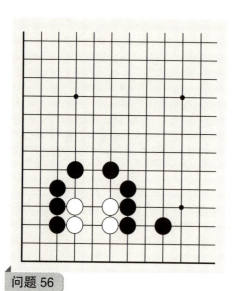

白先。本图白棋的棋形在实战中经常会出现，那么请问白棋如何下才能活？第一手棋是关键。

问题 56

问题 55 解说

图 1 正解

黑 1 是急所，白 2 点时，黑 3 挡，即可活棋。以下白 4、黑 5，白 A 无法连接是黑▲所起的作用。

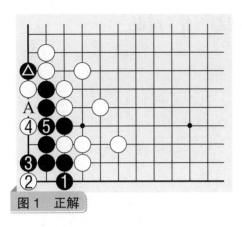

图 1 正解

图 2 另一正解

黑 1 同样是很漂亮的一手棋，白 2 时，黑 3 应，结果与正解相同。

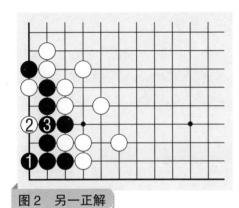

图 2 另一正解

图 3 失败

黑 1 提是典型的失败例子，白 2 以下至白 6 简单破眼后，黑棋不活。大家还应该注意，黑 1 下在 2 位也不活。

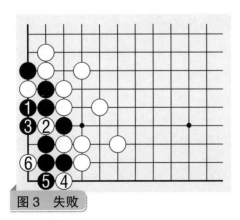

图 3 失败

问题 56 解说

图 1 正解

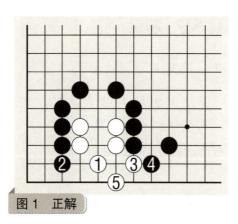

图 1 正解

白 1 是做活的急所，黑 2 时，白 3、5 可以活出。其中黑 2 如果下在 3 位，白棋在 2 位扳后，同样可以活棋。

图 2 失败 1

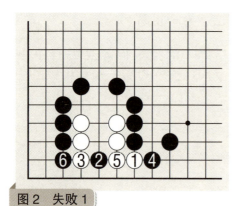

图 2 失败 1

白 1 扳时，黑 2 点强攻，其后白 3 时，黑 4、6 应对即可，结果白棋生存空间不够。

图 3 失败 2

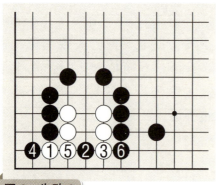

图 3 失败 2

白 1 扳时，黑 2 同样可以点，白 3 时，黑 4、6 应对，其结果与图 2 相同。

问题 57

白先。角上的死活问题在实战中经常出现，请问白棋如何下才能做活？

问题 57

问题 58

黑先。本题也是基本死活的一种，类似的棋形不少。那么请问黑棋应如何下？

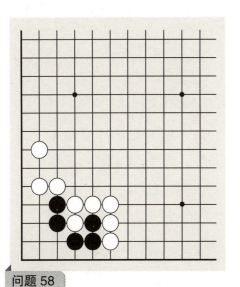

问题 58

问题57 解说

图1 正解

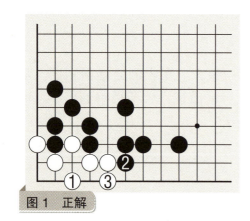

图1 正解

白1是在左右各做一眼的巧妙下法,黑2时,白3应,由此可以确保活棋。

图2 失败1

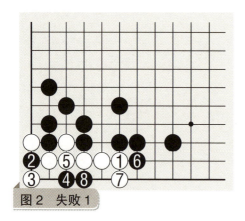

图2 失败1

白1长虽可扩大眼位,但黑2、4是严厉的下法,以下进行至黑8,白棋净死。其中黑2如果下在6位,白棋下在4位即可活棋,这样下白棋比正解还有利。

图3 失败2

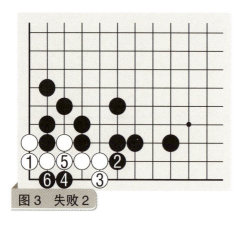

图3 失败2

白1接,黑2是眼见的杀法,白3时,黑4、6破眼,白棋净死。

问题 58 解说

图 1 正解

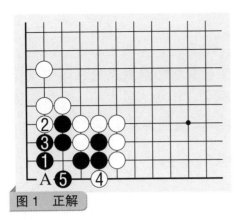

图 1 正解

黑 1 虎是唯一的做活要点，白 2 时，黑 3 应，白 4 扳时，黑 5 可以做活。其中白 4 若下在 5 位点，黑 A 应即可。

图 2 失败 1

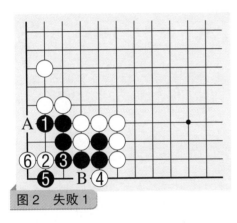

图 2 失败 1

黑 1 挡过于贪心，白 2 点锐利，黑 3 必须应，白 4、6 攻击后，白棋在 A 位和 B 位中必居其一，黑棋不活。

图 3 失败 2

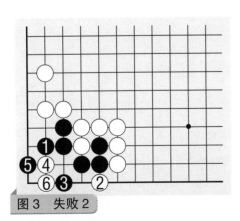

图 3 失败 2

黑 1 立，白 2 扳是决定性的一击，黑 3 进行抵抗，白 4、6 进行后，黑棋无法活。白 2 如果下在 4 位，黑棋下在 6 位，白棋下在 3 位，黑棋下在 5 位，双方下成打劫。

问题 59

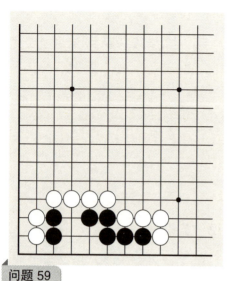

问题 59

黑先。初看黑棋的生存空间比较充分，但贪心是大忌，黑棋应谨慎才是。请问黑棋应如何下？

问题 60

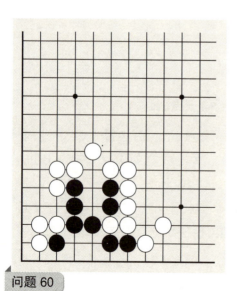

问题 60

黑先。黑棋在上侧有后手一眼，还必须在下侧确保先手一眼方可活棋。请问黑棋应如何下？

问题59 解说

图1 正解

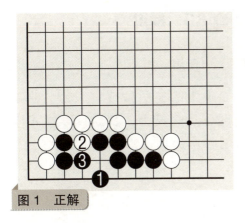

图1 正解

黑1尖是做活的急所，至黑3，可以确保两只眼。

图2 失败1

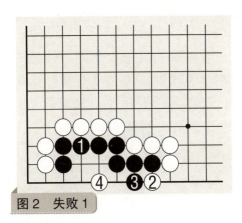

图2 失败1

黑1挡过贪，白2扳严厉，黑3时，白4点，黑棋不活。

图3 失败2

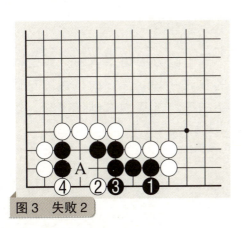

图3 失败2

黑1下立与图2意思相同，都是想扩大生存空间，但白2、4是显见的攻击手段，黑棋已不活。其中白2下在A位也行。

问题60 解说

图1 正解

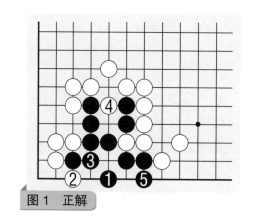

图1 正解

黑1能先手做成一只眼,白2打时,黑3接上,其后只要在4位或5位中居其一即可活棋。

图2 失败1

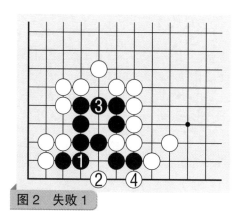

图2 失败1

黑1接明显缺少思考。希望白棋在3位破眼,但白2点是致命一击,黑棋的幻想破灭。其后白4也是决定性的,结果黑棋不活。

图3 失败2

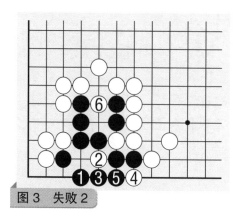

图3 失败2

黑1虎方向错误,白2断是严厉的攻击手段,黑3时,白4可以先手破眼,其后白6继续破眼,结果黑棋不活。

下篇

杀棋

问题 61

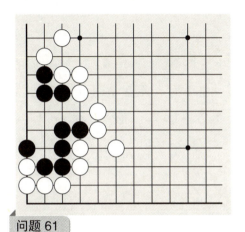

问题 61

白先。黑棋形似很坚实,要吃住自然不易,但白棋暗藏着严厉的手段。请问白棋应如何下?

问题 62

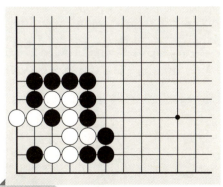

问题 62

黑先。或许很多人都会认为白棋已活,实际上只要黑棋行棋次序正确,攻击得法,完全可以吃住白棋。请问黑棋应如何下?

问题 61 解说

图 1 正解

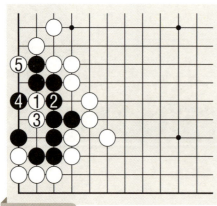

图 1 正解

白 1 点虽然有点出乎意料，却似一把插向对方心脏的匕首。黑 2 时，白 3、5 破眼，黑棋不活。

图 2 变化

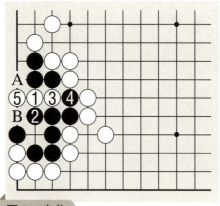

图 2 变化

白 1 时，黑 2 做眼，白 3、5 的手段可以成立。黑棋苦于 A 位和 B 位均不能打吃。

图 3 失败

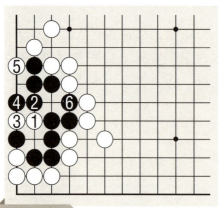

图 3 失败

白 1 点不成立，黑 2 以下至黑 6，黑棋即活。其中白 1 如果改在 4 位点，黑 1 位应，白棋在 3 位打，成劫杀，但其效果显然不及正解。

问题62 解说

图1 正解

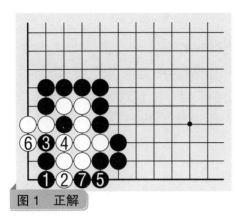

图1 正解

黑1下立是攻击的始发点,白2阻止黑棋渡过也是当然的,其后黑3卡眼,再黑5、7收气,从而宣告了白棋的死亡。

图2 失败1

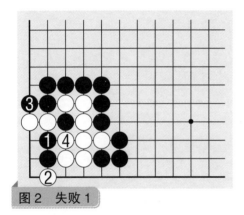

图2 失败1

黑1只能以失败告终,白棋可以不先在4位提子,而先白2扳,黑3时,白4提子,黑棋无法吃住白棋。

图3 失败2

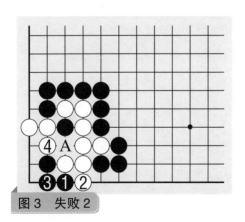

图3 失败2

黑1扳与正解中黑1的作用截然不同,正解中的黑1存在后续手段,而本图中的黑1就不行了。其中黑3如果下在4位,白棋不会下A位而会在3位提子,白棋同样可活。

问题 63

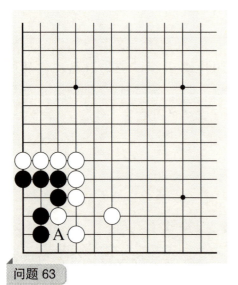

白先。白棋只要不被黑A位打吃所吓倒，就能破坏黑棋的眼位。请问白棋应如何下？

问题 64

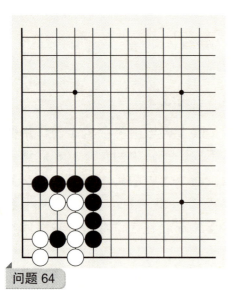

黑先。在本题中黑棋如能发现第一手棋，即可非常简单地解决问题。请问黑棋破眼的急所在哪里？

问题 63 解说

图 1 正解

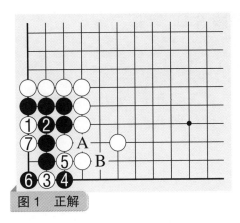
图 1 正解

白 1 打吃，不给黑棋任何喘息的机会。黑 2 连接时，白 3 以下至白 7，黑棋即不活。其中黑 4 如果下在 5 位，白棋下在 4 位，黑 A、白 B 后，黑棋同样不活。

图 2 失败 1

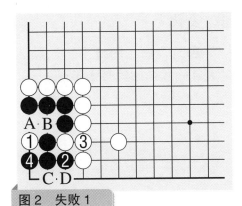
图 2 失败 1

白 1 攻击时，希望黑棋在 4 位打吃，之后白 A、黑 B、白 C、黑 2、白 D 可吃住黑棋。但这只是白棋单方面的想法。黑 2 先打吃是好次序，白 3 只能接，黑 4 再打吃，白棋失败。

图 3 失败 2

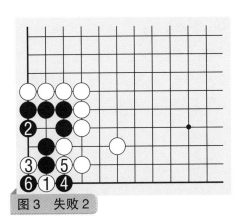
图 3 失败 2

白 1 攻击次序有误，是轻率的行动。黑 2 做眼，白 3 破眼时，黑 4、6 进行抵抗，双方下成打劫。

问题64 解说

图1 正解

黑1攻击严厉，白2如果扳，黑3断打即可。

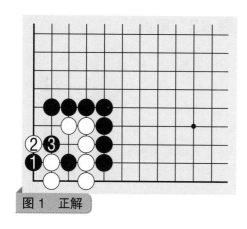

图1 正解

图2 变化

黑⚫时，白1同样不行，黑2、4是大家熟知的破眼基本手法。

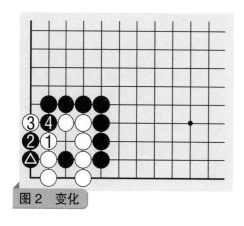

图2 变化

图3 失败

黑1的下法很可能出现，此时白2、4应，白棋即可活。本图中的4位和正解中的黑1都属要点。

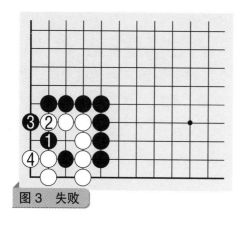

图3 失败

问题 65

白先。白A打吃时，黑B可反打吃，经白C、黑D，黑棋可活。请问白棋无条件吃住黑棋的手段是什么？

问题 66

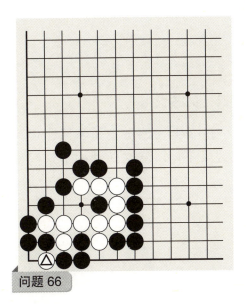

黑先。白△扑，其意图是吃黑接不归。实战中这样的下法可能会经常出现。请问黑棋应如何应付？

问题 65 解说

图 1 正解

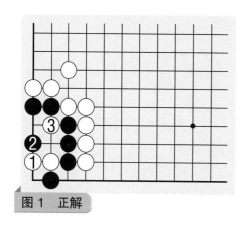

图 1 正解

白 1 下立是吃黑棋的唯一方法，黑 2 抵抗时，白 3 再打吃，结果黑棋不活。

图 2 失败 1

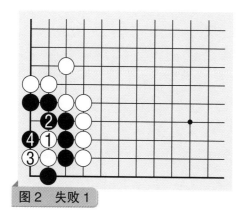

图 2 失败 1

白 1 缺少计算，黑 2 连接后，白棋无论如何努力都不可能无条件吃住黑棋。白 3 攻击时，黑 4 可以做劫。其中白 3 如果下在 4 位，黑棋下在 3 位，同样可以做劫。

图 3 失败 2

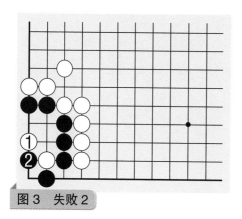

图 3 失败 2

白 1 尖在感觉上是急所，但可惜效果不佳。黑 2 做劫的下法同样可行。

问题 66　解说

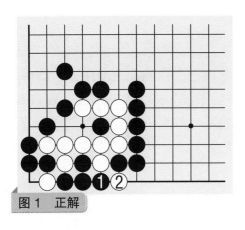

图 1　正解

黑 1 多送一子是出人意料的妙手，白 2 提子，后续变化见图 2。

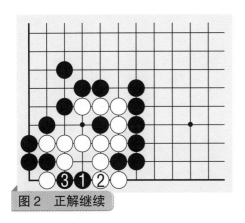

图 2　正解继续

其后黑 1 点，破白棋眼位。白 2 时，黑 3 应即可。其中白 2 如果下在 3 位，黑棋下在 2 位，结果相同。

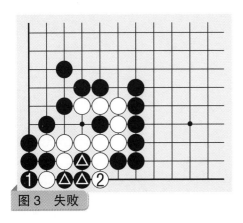

图 3　失败

如果是实战，黑 1 很可能提子，此时白 2 打吃可以成立，黑▲三子被白棋吃住。因此，正解中的黑 1 的确是杀棋的手筋。

问题 67

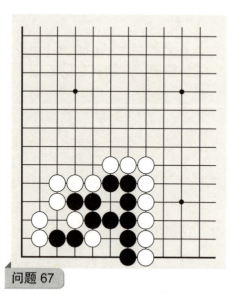

白先。本题如果发生在实战中，白棋很可能进行收官即罢，但实际上白棋有绝妙的攻击手段。请问白棋应如何下？第一手棋是关键。

问题 68

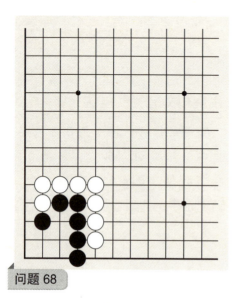

白先。目前可供白棋选择的点有两处，请问何处是攻击的急所？是二路一线，还是二路二线？

问题67 解说

图1 正解

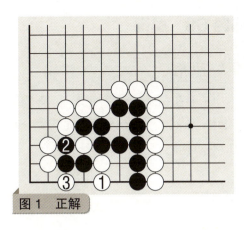

图1 正解

白1下立是急所,黑2时,白3可以巧妙渡过,以致黑棋仅有一眼。

图2 变化

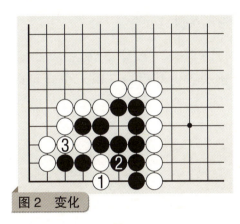

图2 变化

白1时,黑2如果收气,白3连接后,黑棋仍然不行,其原因是黑棋两侧均不入气。

图3 失败

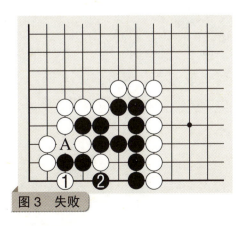

图3 失败

白1扳只不过是官子下法,黑2打吃后,黑即可简单活棋。白1如在A位连接,黑2位应,结果一样。

问题68 解说

图1 正解

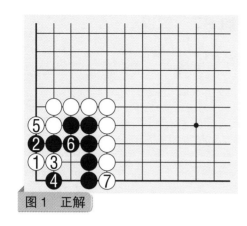

图1 正解

白1在二路一线点是正确的,黑2断必然,白3以下至白7,可以吃住黑棋。

图2 失败1

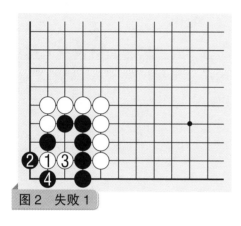

图2 失败1

白1夹,被黑2扳后,白棋攻击失败。其后白3时,黑4可以做活。

图3 失败2

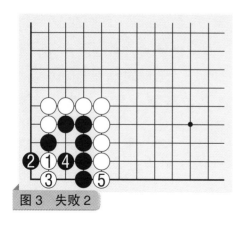

图3 失败2

白1、黑2时,白3、5的下法可以下成双活。但对黑棋来说,双活也是活棋,故意味着白棋失败。

问题 69 ▶

黑先。白棋在本题中的空间虽大，但仍有缺陷。黑棋在攻击时，不妨换一个角度来考虑问题，即如果我是白棋将如何做活。请问黑棋应如何下？

问题 69

问题 70 ▶

白先。在本题中白棋是选择压缩黑棋，还是选择占据要点，将决定白棋的成败。请问白棋应如何选择？

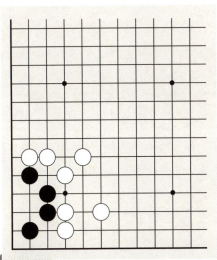

问题 70

问题69 解说

图1 正解

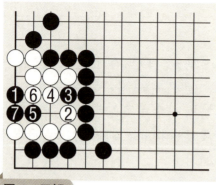

图1 正解

白棋如要活棋,必须占据1位方活得彻底,因此黑棋占据这一位置是正确的。白2挡时,黑3以下至黑7,白棋不活。

图2 变化

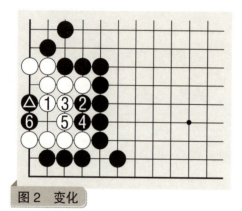

图2 变化

黑▲时,白1压,黑2、4冲击,再黑6破眼,白棋也不活。由此可以证明,黑▲点后,白棋已死。

图3 失败

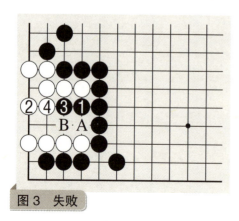

图3 失败

黑1如果先冲,不可能成功。白2是做活的急所,黑棋失败。其中黑1如果下在A位,白B应后,白棋同样可活。

问题70 解说

图1 正解

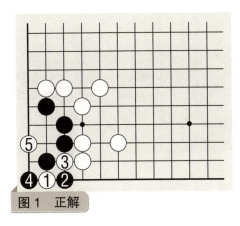

图1 正解

白1是攻击的急所，黑2时，白3挤、5点，可以吃住黑棋。

图2 失败1

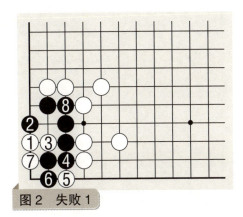

图2 失败1

白1先点不可能吃住黑棋，黑2应是好棋，以下进行至黑8，黑棋可以下成双活。

图3 失败2

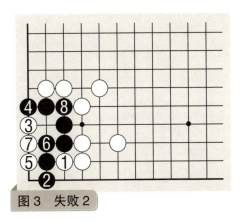

图3 失败2

白1是俗手，黑2下立，白3以下至黑8，黑棋可以下成双活。

问题 71

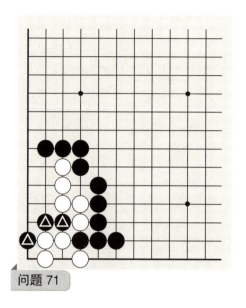

问题 71

黑先。黑▲三子如果被白棋吃住，显然白棋可活。黑棋应该充分利用这三子，将白棋逼入绝境。请问黑棋应如何下？第一手棋属常用下法。

问题 72

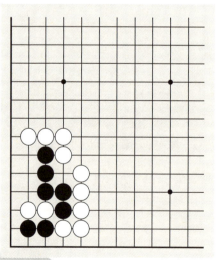

问题 72

白先。本题是问题 71 的原型，请问白棋如何利用已被围住的二子攻击黑棋？如果下成打劫，则白棋没有达到预期的目的。

问题 71 解说

图 1 正解

黑1尖是常用手法，白2时，黑3或黑A应非常关键，其后白B至多可以提去黑棋二子，但黑可打二还一，白棋仍难逃一死。

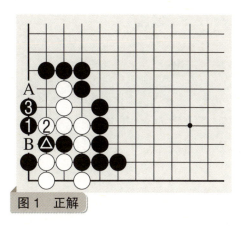

图 1 正解

图 2 失败 1

黑1飞看似可行，但采用过这种下法的人都有过失败的惨痛教训。白2以下至白6，双方下成打劫。

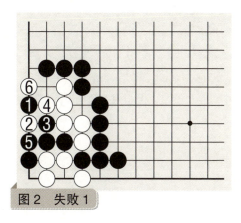

图 2 失败 1

图 3 失败 2

黑1尖，希望白棋在A位应，然后黑棋在2位可以渡过。但白棋肯定不会这么下，白2应是好棋，白棋由此可活。

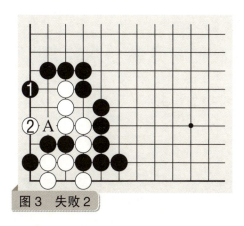

图 3 失败 2

问题 72 解说

图 1 正解

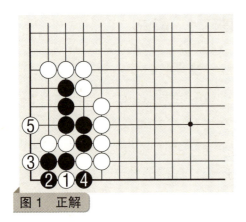
图 1 正解

白 1 扳也许出乎大家的意料，却是攻击黑棋的出发点。黑 2 挡是最顽强的抵抗，但白 3 打吃后，白 5 尖是妙手，黑棋无力继续抵抗，只能束手就擒。

图 2 变化

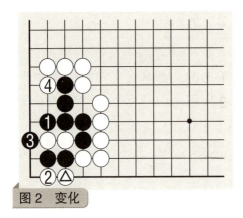
图 2 变化

白△时，黑 1 如果打吃，白 2 则先手与黑 3 交换后，白 4 破眼，黑棋即不活。因此白△扳后，黑棋已必死无疑。

图 3 失败

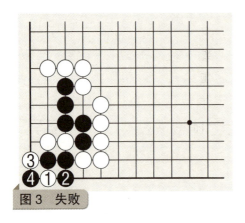
图 3 失败

白 1 虽是常用的手筋，但由于有黑 2 的反击手段，至黑 4，结果下成打劫，白棋不满意。

问题 73

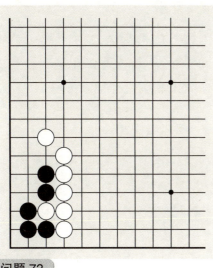

问题 73

白先。本题是实战中常出现的死活问题之一。白棋如果仅靠平常的下法肯定不行。请问白棋如何用一手棋就把黑棋降服？

问题 74

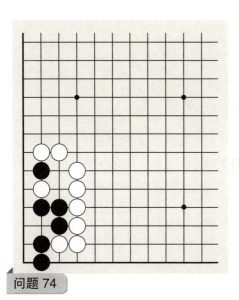

问题 74

白先。本题中白棋仅靠平常的手段不可能吃住黑棋，故必须用非常的手段方能解决问题。下成打劫是双方的最佳结果。请问白棋应如何下？

问题73 解说

图1 正解

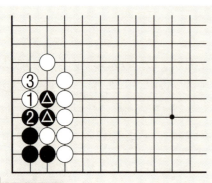

图1 正解

白1攻击黑△二子，是一手解决问题的好棋。黑2连接时，白3退，结果黑棋生存空间不够。

图2 变化

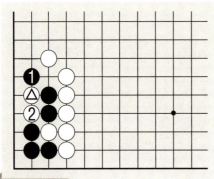

图2 变化

白△时，黑1反击的下法不成立，白2简单打吃，黑棋即死。

图3 失败

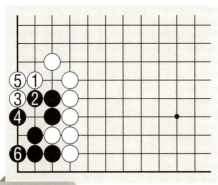

图3 失败

白1缺少进取精神，黑2挡后，黑棋即可安定。其后白3、5虽是先手，但仅仅是官子而已。

问题 74 解说

图 1 正解

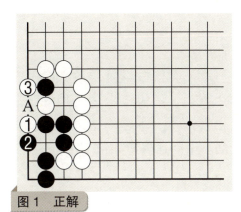

图 1 正解

白1扳，黑2时，白3做劫是最佳下法。A位的劫争将决定黑棋的命运。

图 2 变化

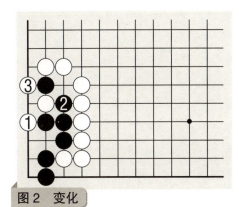

图 2 变化

白1时，如果黑2打吃，白3做劫是要领，双方仍下成打劫。可见白1扳是有决定性意义的非常手段。

图 3 失败

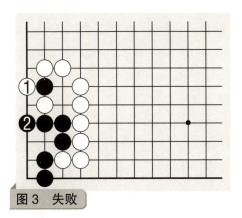

图 3 失败

白1打吃一子，黑2下立后，黑棋即可简单做活。

问题 75

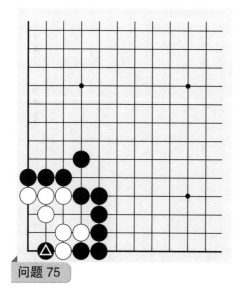

黑先。在白棋角里的黑▲一子作用很大,黑棋应考虑利用此子阻止白棋做活。本题的结果仍是双方打劫。请问黑棋应如何下?

问题 75

问题 76

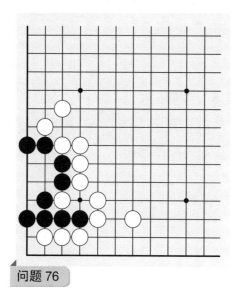

白先。白棋如果要吃住黑棋,肯定不能先接被打吃的一个白子。请问白棋应如何下?

问题 76

问题75 解说

图1 正解

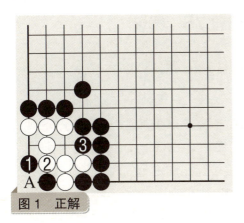

图1 正解

黑1是阻止白活棋的第一步，白2时，黑3破眼，其后白棋只好于A位开劫。

图2 变化

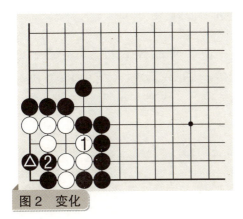

图2 变化

黑▲时，白1做眼不成立，黑2打后，白棋不活。这一变化实际上是白棋失败。

图3 失败

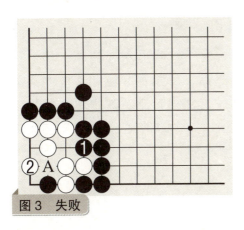

图3 失败

黑1破眼，但白2占据急所后，白棋可活，黑棋失败。其中白2如果下在A位，黑棋下在2位，又还原成正解的进行。

问题 76 解说

图 1 正解

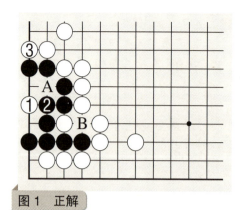

图 1 正解

白 1 点是非常猛烈的攻击方法，其后续手段是瞄着 A 位的断。黑 2 连接时，白 3 挡，白棋由于兼有 A 位的倒扑和 B 位连接的后续手段，故黑棋不活。

图 2 变化

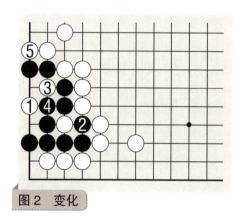

图 2 变化

白 1 时，黑 2 提子是毫无意义的，白 3、5 后，结果仍是黑棋净死。

图 3 失败

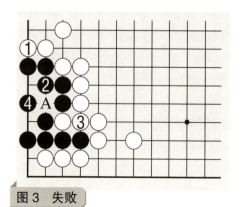

图 3 失败

白 1 挡明显次序错误，黑 2 连接之后，黑棋在 3 位和 4 位中必居其一，黑棋可活。其中黑 2 如果下在 A 位，白棋下在 4 位，又还原成正解的进行。

问题 77

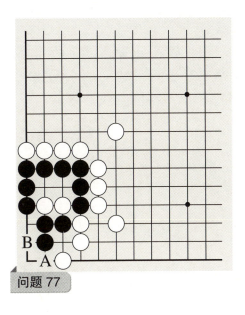

问题 77

白先。如白下 A 位，黑 B 下立后，黑棋可活。请问白棋应如何攻击黑棋？被黑棋包围的白二子该如何利用？

问题 78

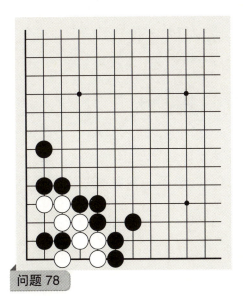

问题 78

黑先。本题中的黑棋如果下成劫杀就是失败，黑棋应该无条件吃住白棋。请问黑棋攻击的急所在哪里？

问题77 解说

图1 正解

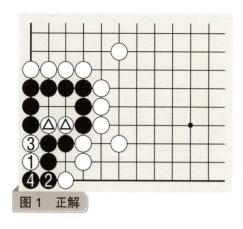

图1 正解

白1破眼正确,黑2断当然,其后白3扑入,是充分利用白△二子的好棋,后续变化见图2。

图2 正解继续

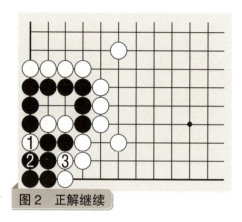

图2 正解继续

其后白1扑,黑2提子,白3打吃,黑棋被杀。

图3 其他例子

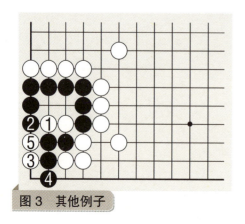

图3 其他例子

本图与问题77相似,白1与黑2交换后,棋形即大同小异。其后白3、5是与问题77正解相同的次序。

问题 78 解说

图 1　正解

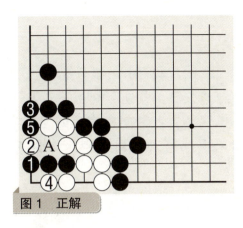
图 1　正解

黑 1 下立是攻击的急所，白 2 时，黑 3、5 紧气，白棋即不活。其中黑 3 直接在 A 位打吃同样可行。

图 2　变化

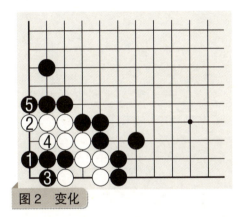
图 2　变化

黑 1 时，白 2 如果也立，黑 3 挡后，黑棋下成有眼杀无眼。其后白 4、黑 5 只是补充说明。

图 3　失败

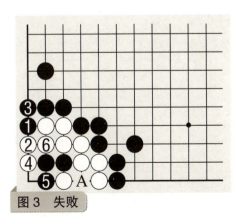
图 3　失败

黑 1、3 扳接是不思进取的下法，白 4、6 的抵抗可以成立，结果 A 位的劫争将决定白棋的死活。这一结果对黑棋来说，当然意味着失败。

问题 79

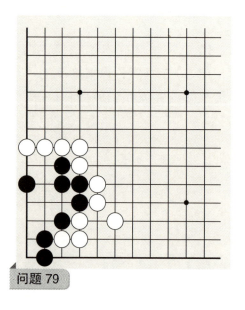

白先。本题中白棋只要抓住了问题的关键,就能顺利解答。第一手棋很重要。请问白棋应如何下?如果下成打劫,对白棋来说即是失败。

问题 80

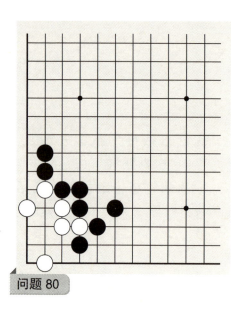

黑先。黑棋只要能找到要点,答案会自然而然地浮现出来。请问黑棋如何下?您第一感觉下在哪里?

问题 79 解说

图 1 正解

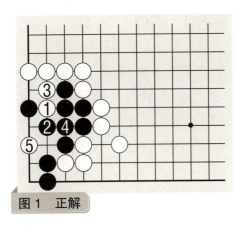

图 1 正解

白 1 挖锐利，也是唯一正确的下法。黑 2 被迫退让，白 3 则先手打，然后白 5 点，可以吃住黑棋。

图 2 失败 1

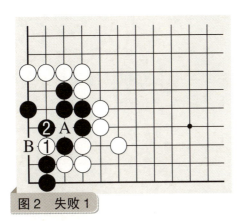

图 2 失败 1

白 1 断打无味，黑 2 后，双方下成打劫。其中黑 2 如果在 A 位连接，白 B 下立后，黑棋不活。

图 3 失败 2

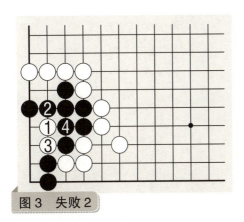

图 3 失败 2

白 1 先点是错误下法，黑 2 老老实实地补棋，白 3 时，黑 4 连接，黑可稳稳活棋。

问题80 解说

图1 正解

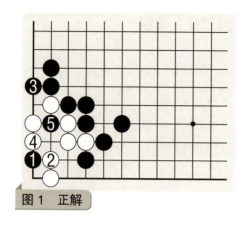
图1 正解

黑1点是攻击的第一感觉。若能一眼看出黑1的下法，则说明对围棋的基本死活已有了相当的了解。白2时，黑3、5攻击，即可吃住白棋。其中黑3下在4位同样可行。

图2 变化

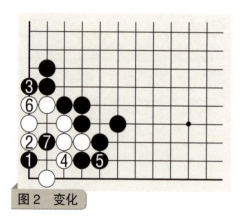
图2 变化

黑1时，白2如果抵抗，黑3是后续手段，白棋仍然不活。白4以下至黑7，白棋净死。

图3 失败

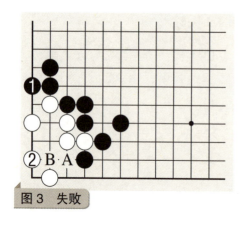
图3 失败

黑1立只不过是官子下法，白2是做活的急所，白棋由此可活。其中黑1下在A位与白B交换是毫无意义的。

问题 81

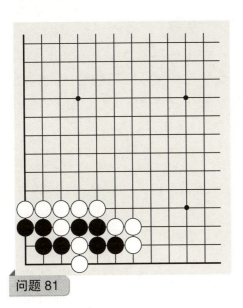

问题 81

白先。白棋仅仅吃住右侧黑四子是否可以满足呢?答案当然是否定的。请问白棋应如何下?下成打劫,对白棋来说即是失败。

问题 82

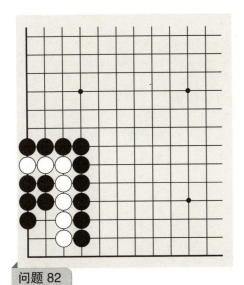

问题 82

黑先。如果黑棋让白棋仅能吃到黑五子,那么白棋只有一只大眼,无法做活。请问黑棋如何下才是正确的?第一手棋是关键。

问题 81 解说

图 1 正解

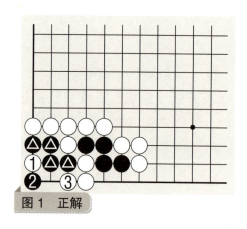

图 1 正解

白1是独特的攻击方法，其巧妙之处在于减少了黑△四子的气数。黑2被迫提子时，白3爬成"金鸡独立"，黑棋只好坐以待毙。

图 2 失败 1

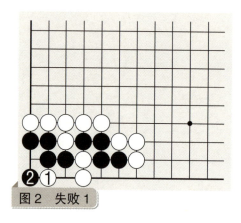

图 2 失败 1

白1的下法虽然也可以使黑棋不入气，但由于有黑2的反击手段，白棋只好打劫。

图 3 失败 2

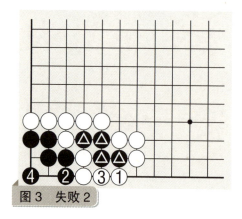

图 3 失败 2

白1吃住黑△四子。如果仅仅满足于此，围棋水平将很难提高。

问题82 解说

图1 正解

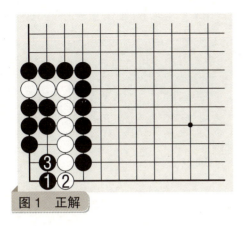
图1 正解

黑1是决定生死的要点,白2如果挡,黑3后成有眼杀无眼。

图2 变化

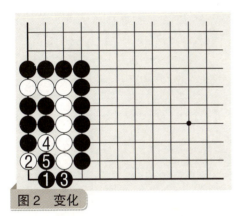
图2 变化

黑1时,白2如果打吃,黑3渡过即可。其后白4虽可提去黑五子,但白棋仍不活。

图3 失败

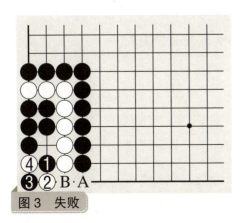
图3 失败

黑1虽看起来强有力,但由于有白2扳的抵抗手段,双方将不可避免地下成打劫。其中黑3如果先下A位与白B交换,结果大同小异。

问题 83 ▶

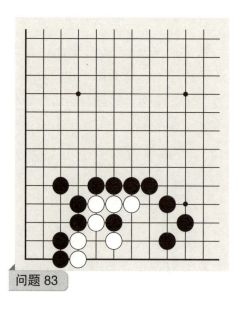

问题 83

黑先。黑棋欲救回一子已不可能，但黑棋在攻击白棋时，这一子将大有帮助。请问黑棋如何下最佳?

问题 84 ▶

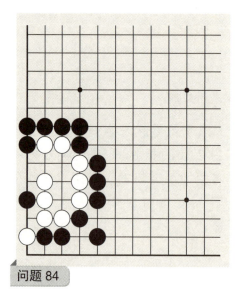

问题 84

黑先。本题中的白棋看起来像是活棋，但只要黑棋掌握杀棋的手筋，完全可置白棋于死地。请问黑棋如何下最佳？如果下成打劫，对黑棋来说即是失败。

问题83 解说

图1 正解

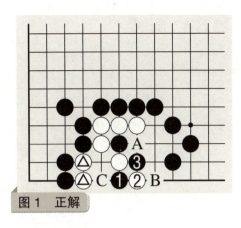
图1 正解

黑1准备倒扑白△二子,是破眼的妙手。白2挡是最强应手,但黑3打极具力量,白棋已无法应。其后白A时,黑B应;白C时,黑A应,白棋都不行。

图2 失败1

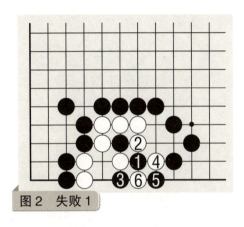
图2 失败1

黑1过于教条,白2、黑3均属必然,其后白4、黑5,双方下成打劫。劫杀当然不及正解的净杀好。

图3 失败2

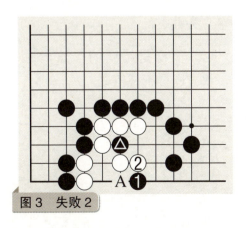
图3 失败2

黑1小飞,其意是伺机救回黑△一子或在A位破眼,但由于白2的正确防守,黑棋失败。

问题 84 解说

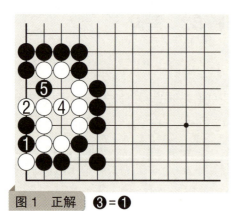

图 1　正解　❸=❶

图 1　正解

黑 1 利用弃子，是置白于死地的唯一下法。白 2 提子时，黑 3 再次扑，结果白棋生存空间不够。其后白 4 时，黑 5 打即可。

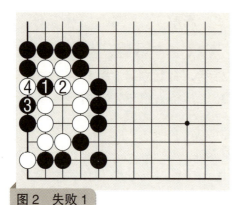

图 2　失败 1

图 2　失败 1

黑 1 打，白 2 接并反打，黑 3 只好做劫，结果成劫杀。这一进行对黑棋来说当然意味着失败。

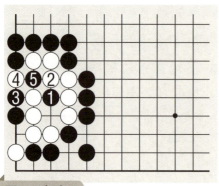

图 3　失败 2

图 3　失败 2

黑 1 同样是错误的下法，白 2 后，双方同样下成打劫。

问题 85

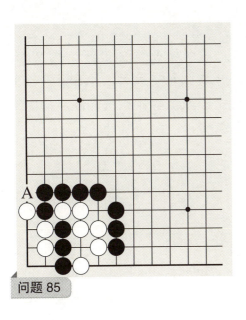

黑先。黑 A 挡肯定不可能吃住白棋，请问黑棋应如何攻击白棋？第一手棋是关键。

问题 86

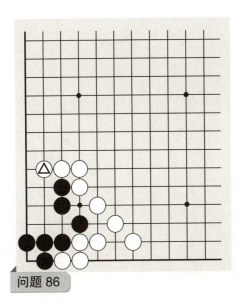

白先。白△下立，可充分说明白棋对黑角有所企图。请问在黑棋脱先的情况下，白棋应如何攻击黑棋？

问题 85 解说

图 1 正解

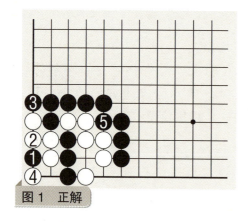

黑1是死活的要点，白2时，黑3与白4交换后，黑5紧气，白棋由于两侧均不入气，因而只能束手就擒。

图 2 变化

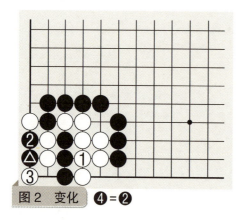

④=▲

黑▲时，白1如果打吃黑三子，黑2破眼即可。其后白3提子时，黑4扑即可解决问题。

图 3 失败

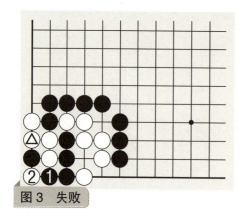

白▲时，黑1与白开劫明显失误。其实稍加分析，即可发现正解中黑3的下法。

问题86 解说

图1 正解

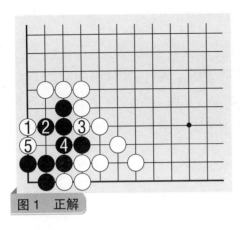

图1 正解

白1飞是攻击黑棋的第一步，黑2应时，白3、5破眼即可吃住黑棋。

图2 失败1

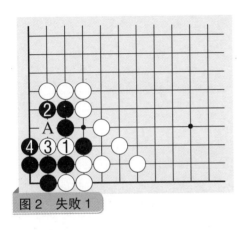

图2 失败1

白1先扑看似急所，但由于黑2应是好棋，白棋无有效的后续手段。其后白3冲，黑4或黑A退即可。

图3 失败2

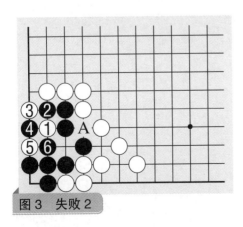

图3 失败2

白1的意图是让黑棋只能成假眼，但黑2以下至黑6，黑棋可以扑吃接不归，白棋失败。其中白1如在A位打吃，黑2应后，黑棋也可以活。

问题 87

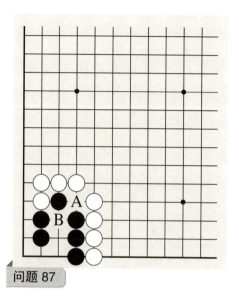

问题 87

白先。白 A 如果与黑 B 进行过交换，黑棋当然是活棋。请问白棋应如何攻击黑棋？

问题 88

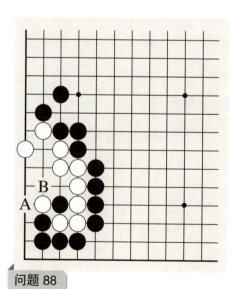

问题 88

黑先。黑棋如果仅仅满足于黑 A 先手与白 B 进行交换，当然不能令人满意。请问黑棋应如何攻击白棋？注意应避免下成打劫。

问题87 解说

图1 正解

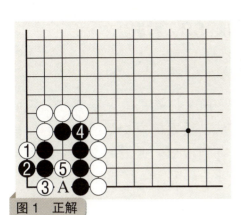

图1 正解

白1扳是攻击的急所，黑2应也是当然的，其后白3点是决定性的一击，黑4时，白5破眼，黑棋由于A位不能入子，因而不活。

图2 变化

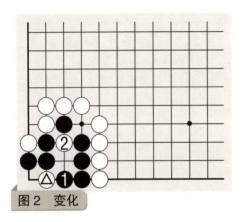

图2 变化

白△时，黑1如果进行抵抗，白2扑后，黑棋不活。

图3 失败

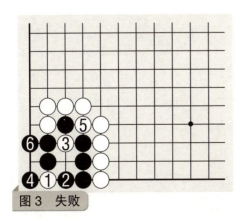

图3 失败

白1这一点虽经常是急所，但此处不成立。黑2时，白3扑，但与图2不同的是黑4提子后，黑棋只要在5位或6位中居其一即可活棋。

问题88 解说

图1 正解

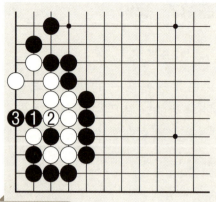

图1 正解

黑1打吃是大家很容易发现的下法,重要的是白2提子以后黑棋应如何应对。此时黑3下立是非常重要的一手,由此可以吃住白棋。

图2 正解继续

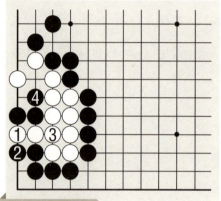

图2 正解继续

其后白1切断是必然的,黑2、4后,即宣告了白棋的死亡。

图3 失败

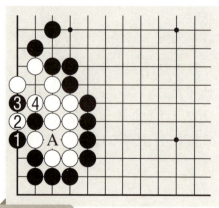

图3 失败

正解中的黑3改在本图中的黑1打吃,尽管是十分常见的下法,但由于白2、4的顽强抵抗,结果双方下成打劫。A位的劫争将决定白棋的死活。

问题 89 ▶▶

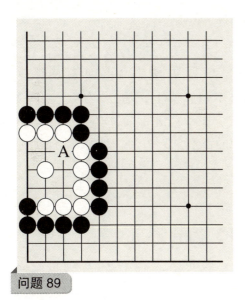

问题 89

黑先。白棋的棋形看起来已很完整，唯一的断点是A位。如果黑棋立即断肯定不行，请问黑棋应如何下？

问题 90 ▶▶

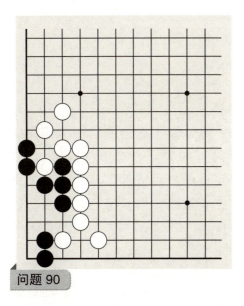

问题 90

白先。本题中的黑棋形存在缺陷，第一手棋大家均可发现，问题是以后怎么下。请问白棋如何下最佳？注意第三手棋是决定性的。

问题89 解说

图1 正解

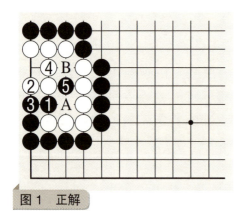
图1 正解

黑1是巧妙的攻击方法，白2时，黑3连接，白棋即无好对策。白4如果连上，黑5挖后，白棋不活。其中白4如果下在A位，黑B打即可。

图2 变化

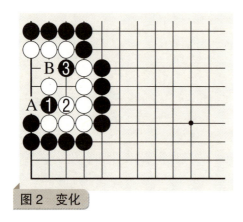
图2 变化

黑1时，白2如果打吃，黑3断打很厉害，其后白A时，黑B打，结果白棋不活。

图3 失败

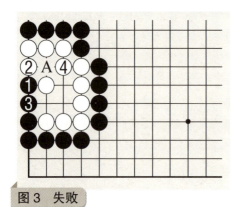
图3 失败

类似黑1这样的攻击方法，结果只有失败。白2、4进行后，白棋可以做成两只眼。其中黑1如果下在4位断，白A应后，黑棋仍然不行。

问题90 解说

图1 正解

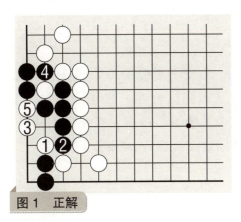

图1 正解

白1扳是唯一正确的,其后黑2断时,白3尖是绝妙的手段,黑4时,白5挤,黑棋不活。

图2 失败1

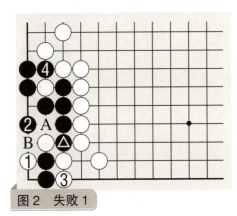

图2 失败1

黑▲时,白1扳轻率,黑2、4应对后,黑棋可活。其中黑2也可下在A位,白B应,黑4位、白3位之后,黑2位做眼。这一下法或许更为实战化。

图3 失败2

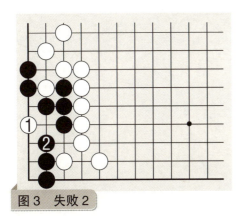

图3 失败2

白1点操之过急,黑2应后,黑棋可以简单做活。

正解中的白1与黑2必须交换,只有这样才能成功。

问题 91

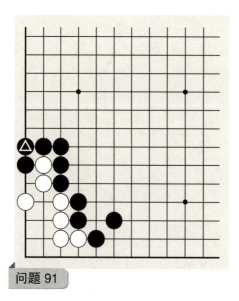

问题 91

黑先。黑△接肯定是先手,能否认识到这一点,其差别很大。本图中黑△时,白棋没有在角上补棋,请问现在黑棋应如何吃住白棋?

问题 92

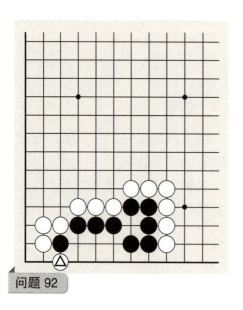

问题 92

白先。白△打吃,但黑棋不应,请问白棋的下一手棋应下在什么地方?在考虑问题时,应充分想到白△一子的作用。

问题 91 解说

图 1 正解

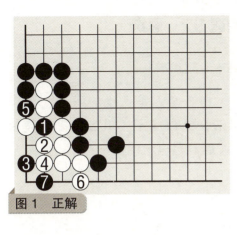

图 1 正解

黑 1 先扑是极其重要的次序，白 2 提子，此时再黑 3 点，白 4 时，黑 5、7 破眼，白棋不活。

图 2 失败 1

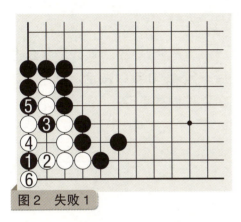

图 2 失败 1

黑 1 先点操之过急，白 2 时，黑 3 扑，但此时情况发生了变化，即白 4 打吃后，白 6 提子，白棋可以活。

图 3 失败 2

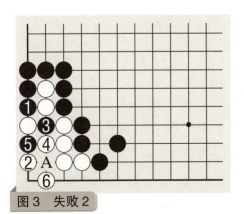

图 3 失败 2

黑 1 打吃仅仅是官子，白 2 后退，黑 3 时，白 4、6 可以做活。其中白 2 如果下在 3 位，黑 A 攻击后，将会出现问题，这一点请大家自行研究一下。

问题92 解说

图1 正解

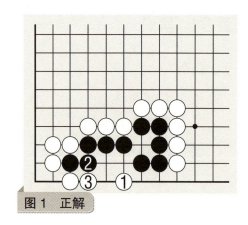

图1 正解

白1潜入是正确的下法,黑棋无法切断白此子。黑2连接,被白3渡后,黑棋已明显不活。

图2 失败1

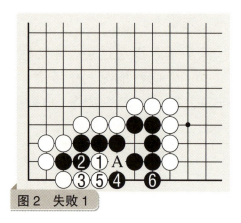

图2 失败1

白1严重失误,黑2、白3进行后,黑4、6可以做活。其中黑4下在A位同样可行。

图3 失败2

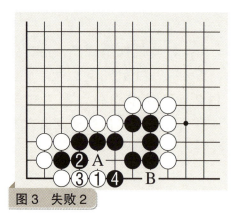

图3 失败2

白1单跳同样只能以失败告终。黑2、白3后,黑4尖顶好棋,其后白A时,黑B应,黑棋可以活。本图中的黑4和正解中的白1都有决定性的作用。

问题 93

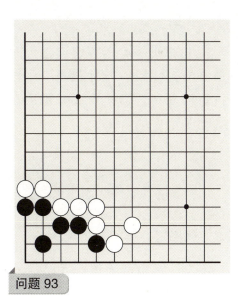

问题 93

白先。本题中黑棋的棋形看起来已很坚厚，但实际上存在重大缺陷。请问白棋应如何攻击黑棋？

问题 94

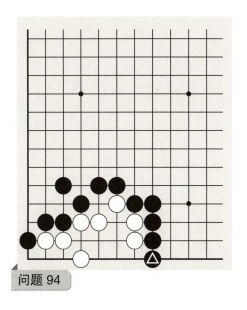

问题 94

黑先。黑▲在一路下立的意图就是要全歼白棋，请问黑棋现在如何攻击白棋最佳？第一手棋虽然比较简单，但第三手棋却是关键。

问题93　解说

图1　正解

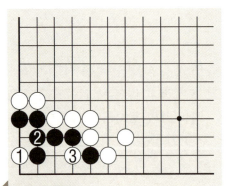

图1　正解

白1锐利，黑2被迫连接，此时白3断打，可以吃住黑棋。这一进行看似简单，但其次序并不那么容易发现。

图2　失败1

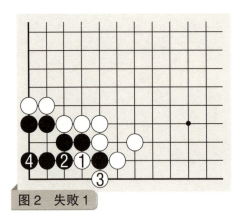

图2　失败1

白1打吃看起来很凶，但黑2、4应对后，黑棋可以活。

图3　失败2

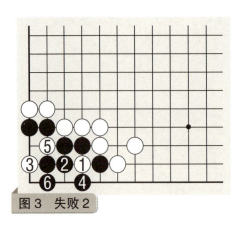

图3　失败2

白1、黑2进行以后，再下白3，次序严重错误。与正解不同的是，黑4、6进行后，黑棋可以活。

问题 94　解说

图 1　正解

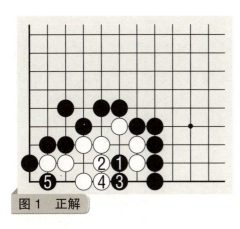

图 1　正解

黑 1 夹是大家不难发现的下法，但白 2 应时，黑 3 下立是关键所在。以下白 4、黑 5，白棋已明显是死棋。

图 2　失败 1

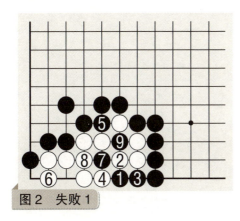

图 2　失败 1

黑 1 攻击错误，其后白 2、黑 3、白 4 均是必然的进行，黑 5 以下至黑 9 后，双方下成打劫。其中黑 5 如果下在 7 位，结果相同。

图 3　失败 2

图 3　失败 2

黑 1、白 2 时，黑 3 渡过是最坏的选择。以下进行至白 6，双方虽然下成打劫，却是白棋先手劫，而图 2 中是黑棋先手劫。

问题 95

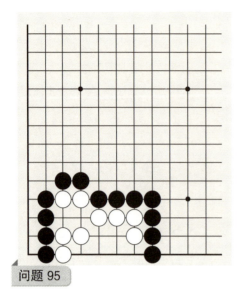

黑先。本题中如要劫杀白棋非常简单,但现在的要求是黑棋必须净杀白棋。请问黑棋应如何攻击白棋?其中第三手棋有些难度。

问题 96

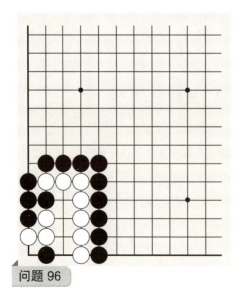

黑先。大家在实战中如果遇到这种棋形,要是能很快找到正确的答案,说明已达到了高手的水平。请问黑棋如何下才是正确的?其中第一手棋很可能是盲点。

问题95 解说

图1 正解

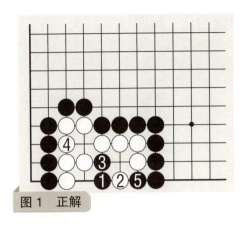
图1 正解

黑1点是大家均能考虑到的要点，白2尖顶时，黑3长有些难度，以下白4、黑5，白棋不活。

图2 失败1

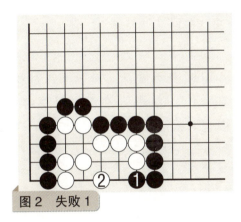
图2 失败1

黑1先冲，不仅缺少魄力，而且也缺少计算。白2是做活的急所，结果白棋可活。

图3 失败2

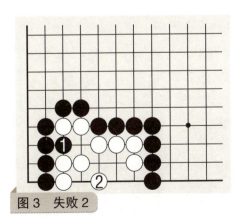
图3 失败2

黑1没有意义，白2同样是做活的急所，结果白棋可活。如果白棋过于留恋二子，将铸成大错。

问题 96 解说

图 1 正解

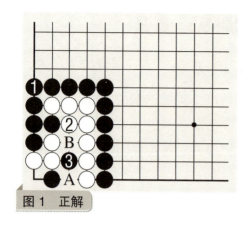

黑1稳稳连接是攻防兼备的妙手，也可以说是死活的盲点。白2时，黑3挖，白棋不活。其中白2如果下在A位，黑B应即可。

图 2 失败 1

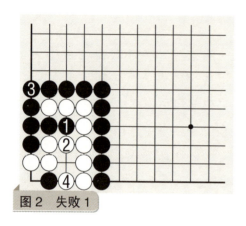

黑1冲，白2挡是先手，其后白4可以安然做活。其中黑1如果下在4位，白棋下在1位是先手，白棋也可以活。

图 3 失败 2

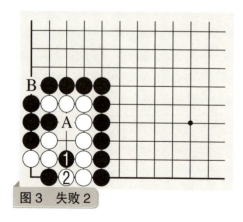

黑1先挖缺少必要的次序，白2应后，白棋即活。但白棋应该注意，白A千万不能做与黑B的交换。

问题 97

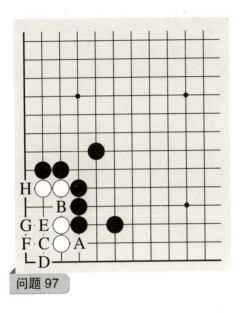

黑先。黑 A 如果挡，白 B 应，其后黑 C、白 D、黑 E、白 F、黑 G、白 H 进行后，双方将下成"万年劫"，这一结果当然是黑棋失败。请问黑棋如何下最佳？

问题 97

问题 98

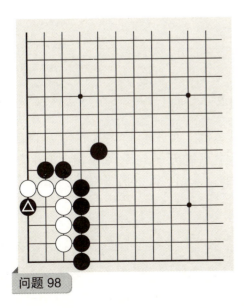

黑先。黑▲点并非盲目的下法，必定有其目的。请问黑棋应如何吃白棋？本题黑棋的选点有好几个，希望大家找出一种最有效的下法。

问题 98

问题 97　解说

图 1　正解

黑 1 扳是唯一正确的下法，白 2 退，黑 3 挡后，白棋的生存空间不够。

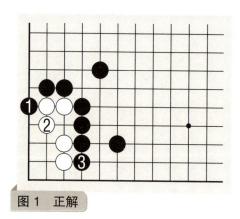

图 1　正解

图 2　变化

黑▲时，白 1 如果退守，黑 2 挺入则是显而易见的，白 3 时，黑 4 破眼，白棋不活。其中黑 2 如果下在 A 位，白 B 应，黑棋再下在 2 位，也同样可行。

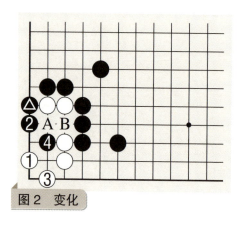

图 2　变化

图 3　失败

黑 1 先手与白 2 交换后，黑棋已不可能无条件吃住白棋。其后黑 3 时，白 4、6 可以做活。接着黑 A 挡，白 B 应即可。

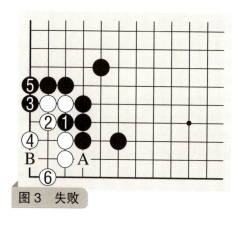

图 3　失败

问题 98 解说

图 1 正解

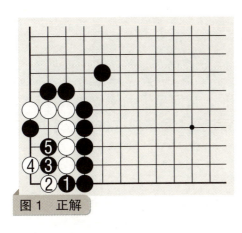

图 1 正解

黑 1 冲，白 2 挡，黑 3 断，是非常出色的次序。其后白 4 试图做劫，但黑 5 后，白棋打不成劫。其中黑 1 如果下在 3 位，黑 3 如果下在 5 位，白棋也是死棋，希望大家自行确认一下。

图 2 失败 1

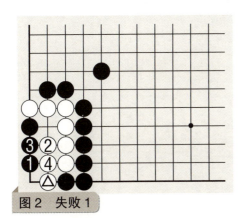

图 2 失败 1

白△时，黑 1 点说明对正解中的白 4 做劫有所顾忌。此时白 2 应是好棋，至白 4，双方下成双活。其中白 2 如果下在 4 位连接，黑棋下在 2 位后，白棋不活。

图 3 失败 2

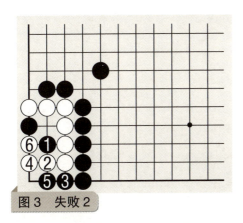

图 3 失败 2

黑 1 不成立，白 2 应是好棋，其后黑 3 冲时，白 4、6 应，白棋可活。白 2 如果下在其他位置都不能活，这一点请大家自行确认一下。

问题 99

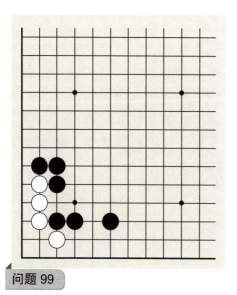

问题 99

黑先。本题是角上基本死活的一种,请问黑棋如何攻击最佳?第一手棋是避免下成打劫的关键。

问题 100

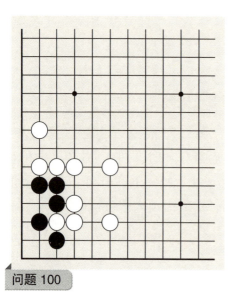

问题 100

白先。本题是实战中经常出现的棋形,请问白棋应如何攻击黑棋才正确?第一手棋和第三手棋是连贯的妙手。

问题99 解说

图1 正解

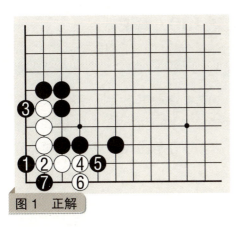
图1 正解

黑1点是急所，也是净杀白棋的唯一方法。白2应是绝对的，黑3以下至黑7，白棋已不活。其中黑3下在4位挡，结果相同。

图2 失败1

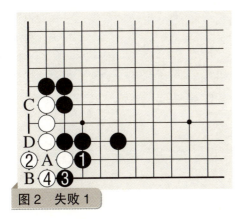
图2 失败1

黑1若先挡，双方将不可避免地下成打劫。白2虎是正确的，黑3时，白4可以做劫。其中白2如果下在3位下立，黑棋下在2位，经白A、黑B、白C、黑D，白棋不活。

图3 失败2

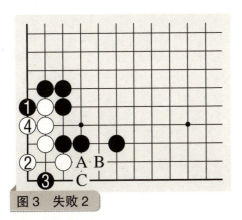
图3 失败2

黑1是最坏的选择，白2是做活的急所，黑3点时，白4做眼，白棋可净活。大家应该注意，白4前如果先做A位与黑B的交换，黑C可以破眼。

问题 100 解说

图 1 正解

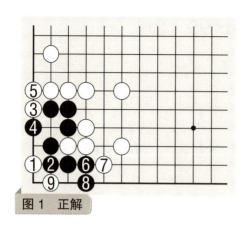

图 1 正解

白 1 点极其锐利，黑 2 只好被迫连接，其后白 3、5 扳接，黑棋不活。以下至白 9，是杀黑棋的全过程。

图 2 失败 1

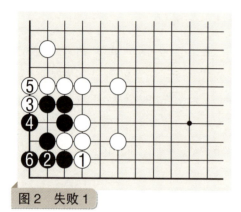

图 2 失败 1

白 1 如果挡，黑 2 连接之后，白棋将不可能吃住黑棋，其后白 3、5 仅仅是先手官子，至黑 6，黑棋已活。

图 3 失败 2

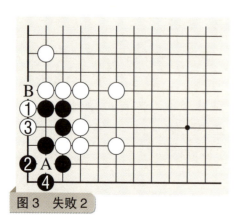

图 3 失败 2

白 1 先扳次序错误，黑 2 应是好棋，至黑 4，黑棋净活。其中黑 2 如果下在 3 位，白棋下在 2 位，经黑 A、白 B 后，结果与正解相同。

问题 101 ▶▶

白先。黑棋的棋形虽很坚固，但其外气太紧是致命弱点。请问白棋应如何攻击黑棋？第一手棋是关键。

问题 101

问题 102 ▶▶

白先。黑△如果下在A位，黑棋肯定是活棋。请问白棋应如何给黑棋致命一击？

问题 102

问题101 解说

图1 正解

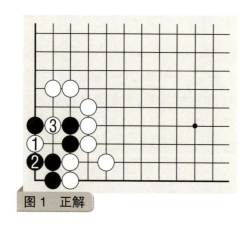

图1 正解

白1极其锐利,黑棋对此将会大惊失色。黑2时,白3破眼可以成立,结果黑棋仅有一只眼。

图2 变化

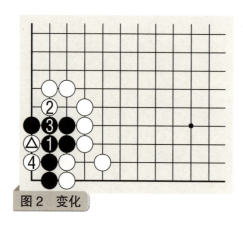

图2 变化

白△时,黑1也无济于事,白2、4即是明显的攻击方法。黑1如果下在2位,白棋在1位断,结果相同。

图3 失败

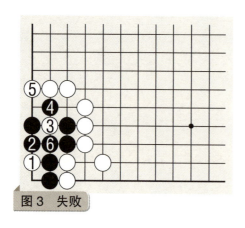

图3 失败

白1点虽看似急所,但实际上是毫无意义的。黑2是正确的防守,白棋已无后续手段。其后白3、5至黑6,黑棋安然做活。

问题102　解说

图1　正解

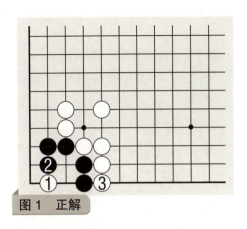
图1　正解

白1点是大部分人都可发现的下法，黑棋对此无抵抗手段。其后黑2顶时，白3挡即可。

图2　失败1

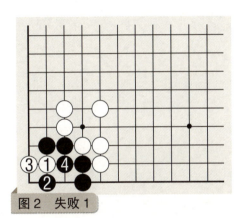
图2　失败1

白1看起来像急所，但由于有黑2这步好棋，至黑4，白棋失败。

图3　失败2

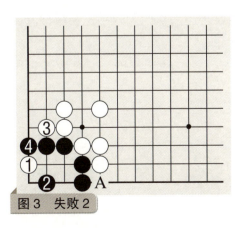
图3　失败2

白1方向错误，黑2是做活的急所，可以防御白棋的所有手段。其中白1如果下在A位，黑2应后，黑棋仍可活。

问题 103

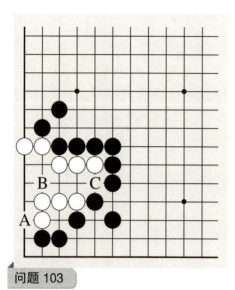

问题 103

黑先。本题中的白棋看起来已是完整的活形，但实际上存在着弱点。如果黑棋仅以黑 A 扳来进攻，白 B 或白 C 应后，白棋均可活。请问黑棋如何攻击才是正确的？

问题 104

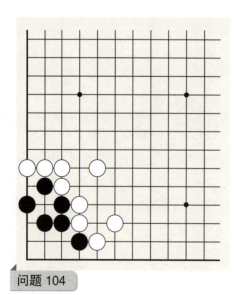

问题 104

白先。如能立即发现正确的答案，则可说明围棋死活水平已超过了中级。请问白棋如何下最佳？是从外侧攻击还是从内侧入手是白棋面临的选择。

问题103 解说

图1 正解

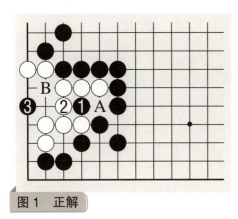
图1 正解

黑1挖是绝妙的攻击方法，由于有了这手棋，看似已很完整的白棋将不可避免地走向死亡。白2时，黑3点，之后黑棋只要在A位或B位中居其一即可吃住白棋。

图2 变化

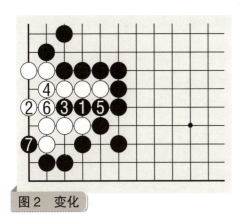
图2 变化

黑1时，白2如果后退，黑3长可以强攻白棋。以下至黑7，白棋已束手无策。

图3 失败

图3 失败

黑1攻击过缓，白2是做活的急所，黑棋已无法继续攻击白棋。其中黑1如果下在A位，白棋下在2位或4位，白棋仍可活。

问题104 解说

图1 正解

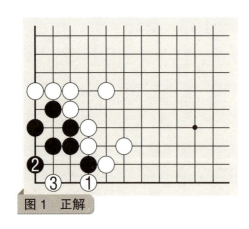
图1 正解

白1在一路打吃是将黑棋逼入绝境的妙手，黑2时，白3单跳破眼，从而宣告了黑棋的死亡。

图2 变化

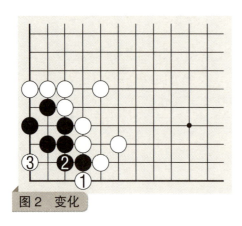
图2 变化

白1时，黑2如果连接，白3点则是致命一击。其后无论黑棋如何抵抗，都不可能活棋，这一点请大家自行确认一下。

图3 失败

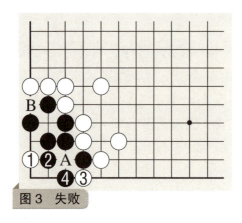
图3 失败

白1点操之过急，会遭到黑棋的顽强抵抗。黑2、4后，双方将下成打劫。其中黑2如下在A位，白B应后，黑棋不活。

问题 105 ▶▶

问题 105

黑先。黑棋在攻击白棋时，黑❸一子仍有充分的利用价值。请问黑棋破白眼形的急所在哪里？

问题 106 ▶▶

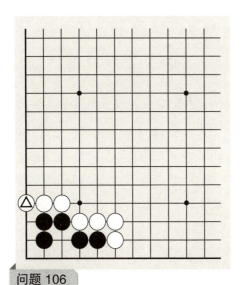

问题 106

白先。白❸下立，其后白❸一子将成为攻击黑棋的桥头堡。其实白❸下立时，黑棋应在角上补一手棋。

请问在目前形势下，白棋应如何攻击黑棋？最佳的结果是下成劫杀。

问题 105 解说

图 1 正解

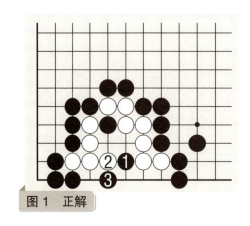

图 1 正解

黑 1 是攻杀的要点，白棋无法断此子。如白 2 应，黑 3 简单联络后，白棋就不活。

图 2 变化

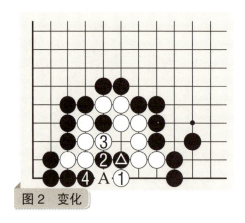

图 2 变化

黑⊙时，白 1 扳，黑 2、4 可以渡过，白棋仍然不行。其中白 1 如果下在 A 位尖，黑棋在 2 位打，黑棋同样可以联络。

图 3 失败

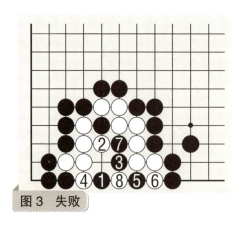

图 3 失败

黑 1 单跳虽然也有渗透力，但结果不遂人意。白 2 提是唯一的应手，黑 3 以下至黑 7 是很好的次序，这样虽可下成劫杀，但不及正解好。

问题 106 解说

图 1 正解

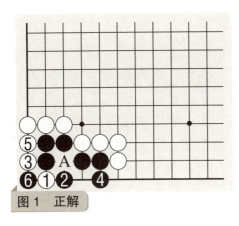

白1巧妙,黑2以下至黑6,双方下成打劫。但非唯一的正解,白1也可下在3位,黑下5位,白下1位,黑下A位,白棋下4位,黑再下6位,双方也是打劫,这也是正解。

图 2 变化

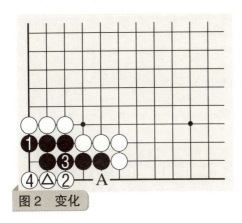

白△时,黑1应法错误,白2时,黑3错上加错,白4长后,即使黑A应,黑棋也不活。其中黑3应下在4位,即使这样,黑结果仍不及正解。

图 3 失败

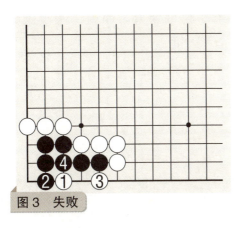

白1距离成功太远,黑2是做活的急所,以下白3、黑4,黑棋可活。

问题 107

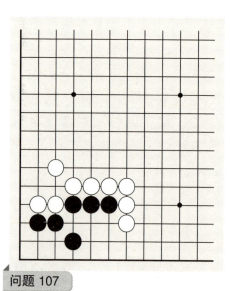

问题 107

白先。本题的要点非常明显，即三子的中央。请问白棋如何下最佳？第一手棋决定后，其后的进行将会简单。

问题 108

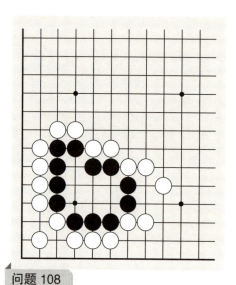

问题 108

白先。本题中的黑棋形可称"板七"，看起来已活得很大，其实不然。那么请问白棋如何攻击最佳？第一手棋很要紧，而第三手棋是决定性的一击。

问题 107 解说

图 1 正解

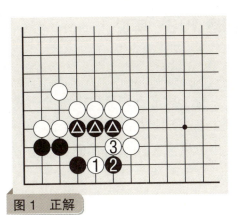

图 1 正解

白 1 在黑▲三子的中央靠是要点，黑 2 进行抵抗时，白 3 切断，结果黑棋不活。

图 2 失败 1

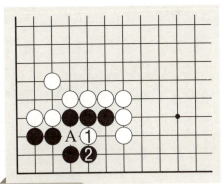

图 2 失败 1

白 1 虽然也处于三子的中央，却攻击错误，黑 2 是做活的急所，白棋没有后续手段。其中黑 2 如果下在 A 位，白棋下在 2 位，黑棋是死棋，但黑棋不可能这样下。

图 3 失败 2

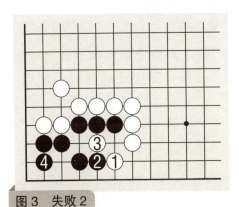

图 3 失败 2

白 1 过于懦弱，这样的攻击不可能成功。黑 2 应，白 3 挖时，黑 4 在角里补棋，结果黑棋可活。

问题108 解说

图1 正解

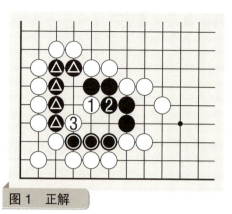

图1 正解

白1靠是直刺黑棋心脏的一手，黑2连接时，白3断是致命一击，现在白棋可分别倒扑黑●和黑▲子，黑棋肯定不活。

图2 变化

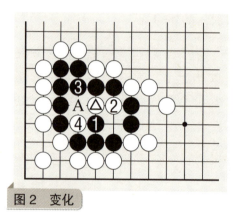

图2 变化

白△时，黑1如果进行抵抗，白2、4应对即可。实际上白4都没必要下，这是因为白4即使不下，黑A也不可能打吃，此时黑棋已是死棋。

图3 失败

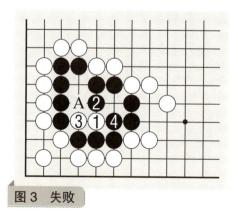

图3 失败

白1只会让黑棋活得更大一些，黑2应后，黑棋此时可以欣慰地笑了。其中白1如果下在A位，黑棋下在1位或2位，黑棋都是活棋。

问题 109 ▶

白先。本题黑棋的空间虽然不算大,但希望大家在脑海里对各种变化都计算一下。请问白棋如何攻击最佳?

问题 109

问题 110 ▶

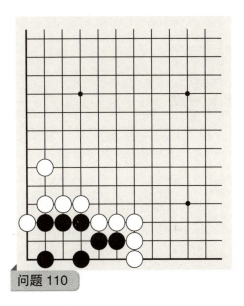

白先。实战中黑棋如果碰到这样的棋形,非常令人伤脑筋。请问白棋应如何攻击黑棋?其中第一手棋和第三手棋都很巧妙。

问题 110

问题 109　解说

图 1　正解

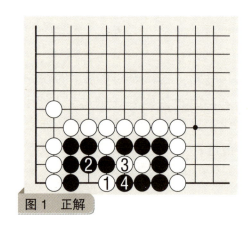

图 1　正解

白 1 是置黑棋于死地的严厉手段，此时黑 2 连接是必然的，白 3 时，黑 4 提，后续变化见图 2。

图 2　正解继续

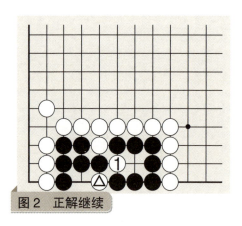

图 2　正解继续

其后白 1 扑，黑棋无法应，这种棋形就是所谓的"双倒扑"。由此可以看出白 1 和白△的巧妙配合。

图 3　失败

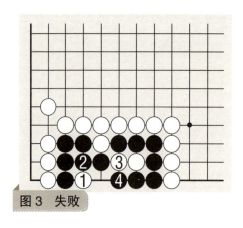

图 3　失败

白 1 打吃，看起来就像是在使用劫材，黑 2 连接后，白棋再也不可能吃住黑棋。

类似正解中的下法，是非常令人生畏的手段。

问题 110 解说

图 1 正解

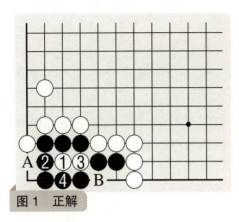

白1点是当然的，黑2时，白3利用弃子很巧妙，后续变化见图2。其中黑2如果下在A位，白棋下在3位，黑棋下在2位，白棋下在B位，黑棋不活。

图 2 正解继续

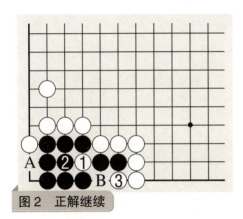

其后白1扑入，黑2如果提子，白3之后，白棋在A位和B位中必居其一，黑棋不活。

图 3 失败

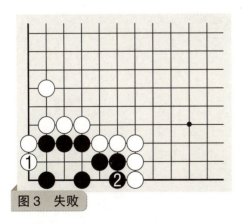

白1缺少攻击力，黑2做眼后即可简单活棋。

问题 111 ▶▶

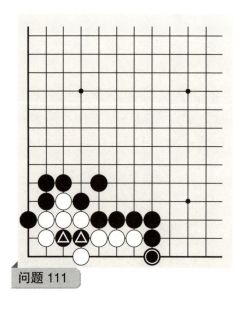

问题 111

黑先。黑▲两子在攻击白棋时可以有所作为，而黑●一子的存在对白棋来说将是致命的。请问黑棋如何攻击白棋最佳？

问题 112 ▶▶

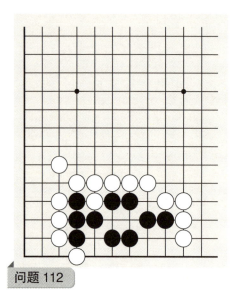

问题 112

白先。本题同样比较难，是问题 111 中杀棋手段的又一次应用。请问白棋应如何攻击黑棋？注意第一手棋决定了黑棋的命运。

问题 111 解说

图 1 正解

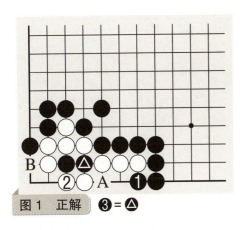

图 1 正解　❸ = △

黑 1 是攻击白棋的出发点，白 2 应时，黑 3 扑是决定性的一击，其后黑棋只要在 A 位或 B 位中居其一，白棋即不活。

图 2 变化

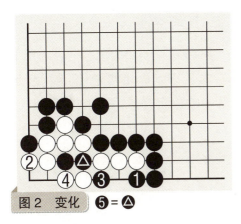

图 2 变化　❺ = △

黑 1 时，白 2 如果挡，黑 3、5 则是基本破眼手法，黑棋可以吃住白棋。

图 3 失败

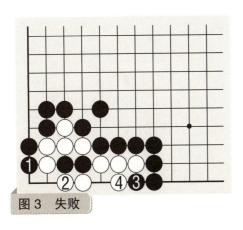

图 3 失败

黑 1、3 是对围棋死活知识缺乏了解的下法，白 2、4 应对后，可以很舒服地活棋，而且还成空 5 目。

问题112 解说

图1 正解

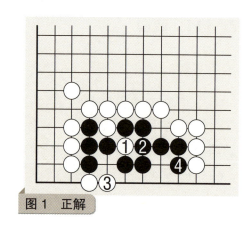
图1 正解

白1扑是急所,黑2时,白3挺入破眼,黑4挡,后续变化见图2。

图2 正解继续

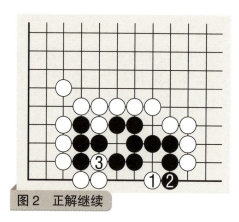
图2 正解继续

其后白1点是致命一击,黑2时,白3打吃,黑棋已不活。因此正解中的白1扑是问题的关键。

图3 失败

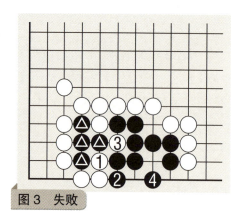
图3 失败

图2中的白1如果下成本图中的白1,贪吃黑▲四子,将因小失大。黑2先手利用很舒服,其后黑4做眼,黑棋可活。

问题 113

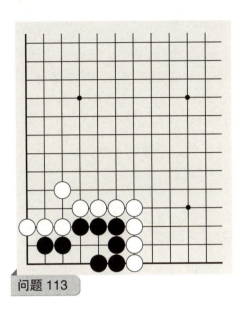

问题 113

白先。白棋如果攻击有误,黑棋将可活棋。请问白棋如何攻击黑棋才是正确的?第三手棋非常重要。

问题 114

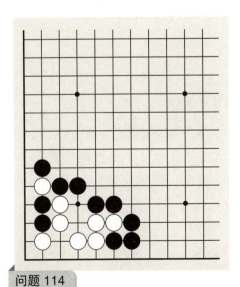

问题 114

黑先。黑棋如要与白棋下成打劫将是非常容易的,但目前的问题是要黑棋无条件吃住白棋。请问黑棋如何下最佳?其中第一、三、五手棋是绝妙的次序。

问题113 解说

图1 正解

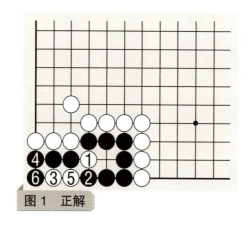
图1 正解

白1断是急所。白棋无论下在其他任何位置，而黑棋占据此点，即可确保活棋。黑2时，白3是绝妙的下法。黑4时，白5扑，黑6必须提子，后续变化见图2。

图2 正解继续

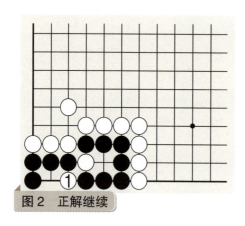
图2 正解继续

其后白1再次扑，黑棋由于面临双倒扑，当然无法活棋。

图3 失败

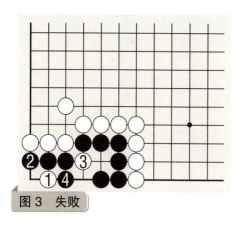
图3 失败

白1次序错误，黑2挡后，白3再断已来不及。与正解不同的是，黑4应后，黑棋可活。

问题 114　解说

图 1　正解

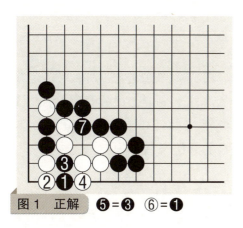

图 1　正解　❺=❸　⑥=❶

黑 1 点是具有飞跃性的构想，也是死活的急所。白 2 时，黑 3 绝妙，白 4 提子时，黑 5、7 应对，白棋仅有一只眼。

图 2　失败 1

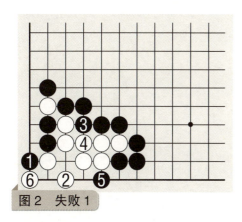

图 2　失败 1

黑 1 扳时，白 2 是急所，其后黑 3、5 时，白 6 可以做劫，这是白 2 所发挥的作用。

图 3　失败 2

图 3　失败 2

黑 1 更是错误，白 2 先手与黑 3 交换后，白 4 做眼，白棋可以净活。其后黑 A 时，白 B 应即可。

问题 115

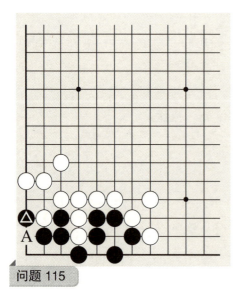

白先。黑▲若在A位下立是黑棋的本手，黑棋由此可以净活。请问白棋应如何攻击黑棋的错误？其破眼的急所又在哪里？

问题 116

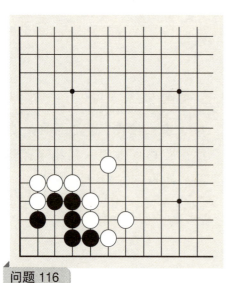

白先。本题是角上死活的一种，请问白棋如何下最佳？是下成打劫，还是无条件吃住黑棋？注意第一手棋是关键。

问题 115 解说

图 1 正解

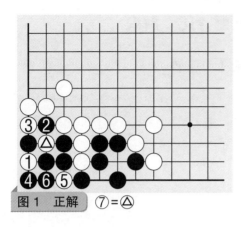

图 1 正解　⑦=△

白 1 扑是攻击的必然步骤，黑 2 只有提，白 3 打吃，其后白 5 扑，至白 7 提，结果是白棋先手劫。

图 2 变化

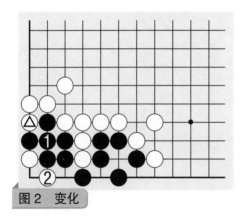

图 2 变化

白△时，黑 1 连接可以说是黑棋的最佳下法，白 2 做劫后，黑棋可先提劫。黑棋的这一进行，要比正解略好，我们将这两种答案都列为正解。

图 3 失败

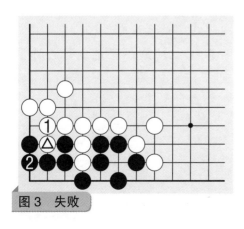

图 3 失败

白 1 连接△子非常令人惋惜，黑 2 简单连上，即可活棋。

正解中的白 1 在不牵扯死活问题时，也可以说是官子的手筋。

问题 116　解说

图 1　正解

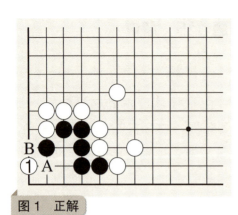

图 1　正解

白 1 点是无条件杀死黑棋的要点，其后黑 A 时，白 B 渡过，白棋即可吃住黑棋。

图 2　正解继续

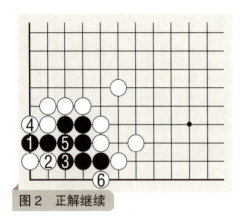

图 2　正解继续

黑 1 必然切断，白 2 长是破眼的急所，黑 3 时，白 4 先手打，然后白 6 扳，黑棋不活。

图 3　失败

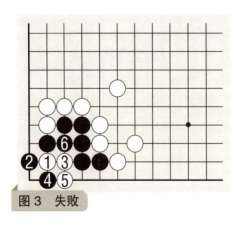

图 3　失败

白 1 夹是常用手段，但在本题中却不成立。黑 2 以下至黑 6，双方下成打劫。

问题 117

白先。本题中的黑棋看起来空间还比较充分，但只要白棋攻击正确，杀黑棋也非常简单。请问白棋应如何攻击？

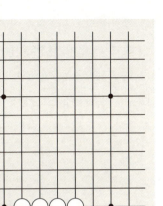

问题 117

问题 118

黑先。黑棋如果急于救回黑▲一子，将不可能吃住白棋。请问黑棋如何攻击才是正确的？第一手棋是决定性的。

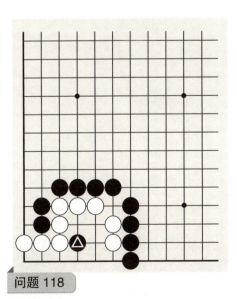

问题 118

问题117 解说

图1 正解

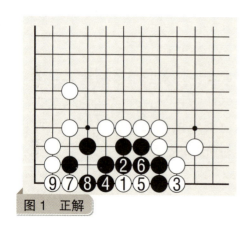
图1 正解

白1点是极其锐利的攻击方法，黑2后，白3、5破眼，至白7、9扳接，黑棋只在右边有一眼。

图2 失败

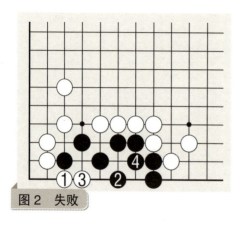
图2 失败

白1扳错误，黑2是做活的急所，其后白3时，黑4做眼，结果黑棋净活。

图3 黑棋失败

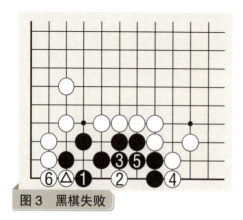
图3 黑棋失败

白⊙时，黑1如果挡住，白2则可以点，黑3时，白4先手下立，其后白6连接，结果黑棋失败。

问题 118 解说

图1 正解

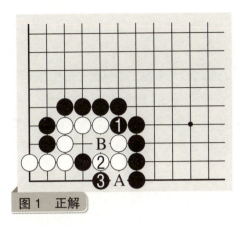

黑1先紧外气是攻守兼备的妙手。初看这手棋真有些令人吃惊。其后白2时，黑3渡，结果白棋不活。其中白2如果下在A位，黑B断即可。

图2 变化

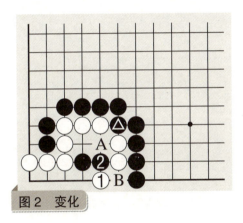

黑▲时，白1如果谋求分断，黑2挤是好棋，结果白棋仍不活。其后白A时，黑B断即可。

图3 失败

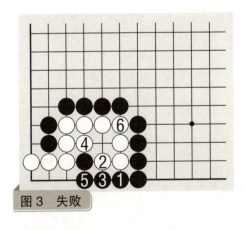

黑1先冲，想救回黑一子，这是初学者的下法。白2以下至白6，白棋可活。

问题 119

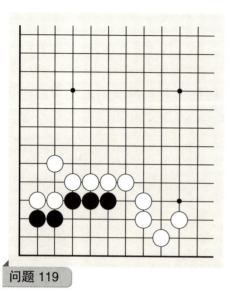

问题 119

白先。本题白棋在攻击黑棋时，第一手棋必须具有非凡的构想，并且第三手棋更需是巧妙的手筋。请问白棋如何下才是正确的？

问题 120

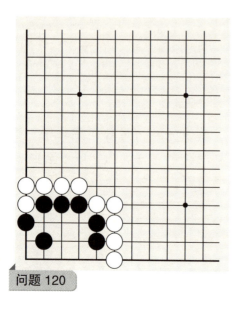

问题 120

白先。本题中的黑棋是虎补的棋形，而且其外气已全部被收紧。请问白棋如何攻击才正确？

问题 119 解说

图 1 正解

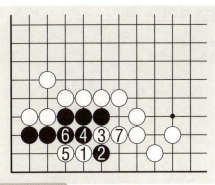

图 1 正解

由于黑棋的空间比较大，因此白 1 潜入是急所。黑 2 当然分断，此时白 3 挖是巧妙的下法。黑 4 时，白 5、7 应对，黑棋不活。

图 2 变化

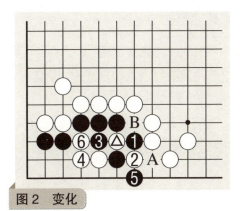

图 2 变化

白△时，黑 1 如从右侧打，白 2、4 则是准备好的下法，黑 5 时，白 6 断即可。其后黑 A 时，白 B 可以打。其中白 2 如果下在 3 位，黑棋在 2 位连接，白棋不行。

图 3 失败

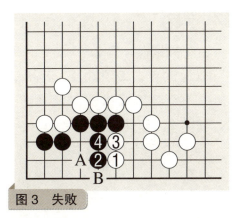

图 3 失败

白 1 飞，不仅缺少勇气，而且也缺少计算。黑 2、4 后，白棋吃不住黑棋。其中白 3 如果下在 A 位夹，黑 B 立下，白无后续手段。

问题120 解说

图1 正解

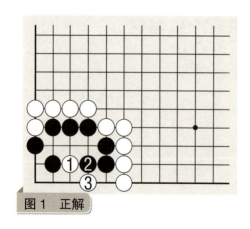

图1 正解

白1是置黑棋于死地的要点，黑棋对此毫无办法。黑2时，白3可以渡过。

图2 变化

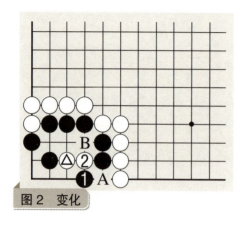

图2 变化

白△时，黑1如果尖，白2后，白棋只要在A位或B位中居其一，黑棋就免不了一死。

通过本书前面的问题，我们应该很轻松地答出本题。

图3 失败

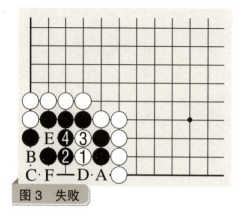

图3 失败

白1夹错误，黑2、4应后，黑棋可以通过弃去二子做活。其中黑2如果下在3位连接，白棋下在2位，经黑A、白B、黑C、白D、黑E、白F，双方将下成打劫。

问题 121

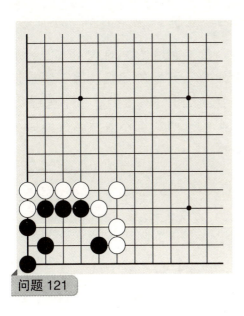

白先。本题也是考察大家是否学会利用气紧来攻击的问题。白棋的第一手棋非常重要，其后的进行将比较简单。请问白棋应如何攻击？

问题 122

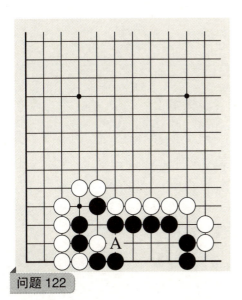

白先。实战中很多人会认为黑棋已活净，从而错失大好机会。请问白棋如何下最佳？请首先从A位着手。

问题121 解说

图1 正解

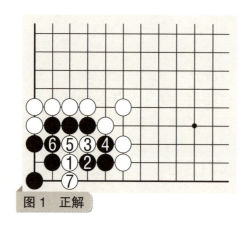

图1 正解

白1靠是严厉的攻击方法,是置黑棋于死地的要点。黑2顶是最顽强的抵抗,白3挖,以下至白7,黑棋由于两侧均不入气,只能束手就擒。

图2 失败1

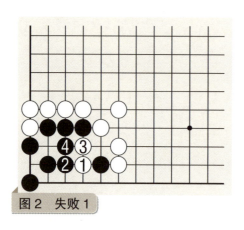

图2 失败1

白1是缺少魄力的下法,以下至黑4,黑棋可以活。

图3 失败2

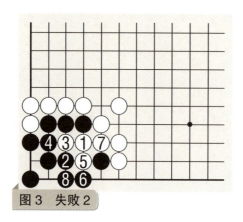

图3 失败2

白1扳同样是失败的下法,黑2是好对策,以下至黑8,结果与图2大同小异。其中黑2如果下在5位,白棋在2位挖后,又将还原成正解的进行。

问题 122 解说

图1 正解

白1打吃,黑2当然,白3以下至黑6是大家都会下的,但白7弃子不易考虑到。黑8提子,后续变化见图2。

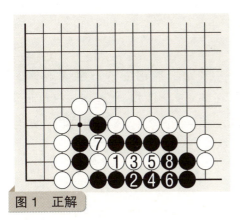

图1 正解

图2 正解继续

其后白1点是决定性的一击。黑2时,白3扑,即宣告了黑棋的死亡。

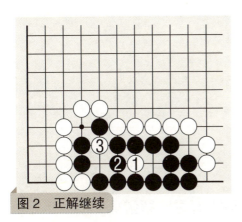

图2 正解继续

图3 失败

图2中的白1如果下成本图中的白1扑,则经黑2、白3、黑4后,黑棋净活。

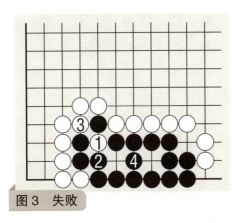

图3 失败

问题 123

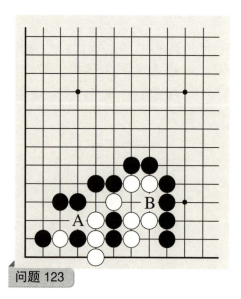

问题 123

黑先。本题中的白棋看起来只要在 A 位或 B 位中居其一就可活棋，其实不然。请问黑棋应如何攻击？

问题 123 解说

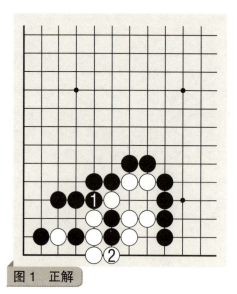

图 1 正解

图 1 正解

黑 1 挤，是攻击看似已经活了的这块白棋的第一手棋。此时大家或许可以看出一些眉目。白 2 提子，后续变化见图 2。

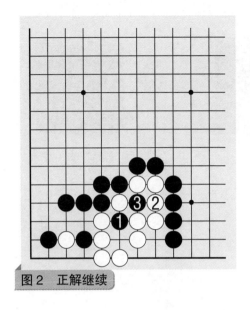

图2 正解继续

图2 正解继续

黑1扑是攻击的急所,白2抵抗,黑3提子,结果双方下成打劫。这是双方的最佳进行。

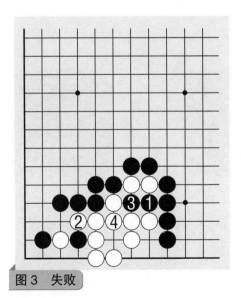

图3 失败

图3 失败

续图1,黑1如果打吃,白2、4应,白棋可活。黑棋如果仅仅满足于提去白棋二子,其水平很难突破中级。

曹薰铉、李昌镐精讲围棋系列

第一辑

精讲围棋官子 . 官子计算
精讲围棋官子 . 官子手筋
精讲围棋官子 . 官子次序

第二辑

精讲围棋棋形 . 定式常型
精讲围棋棋形 . 棋形急所
精讲围棋棋形 . 手筋常型

第三辑

精讲围棋布局 . 布局基础
精讲围棋布局 . 布局技巧
精讲围棋布局 . 布局实战1
精讲围棋布局 . 布局实战2
精讲围棋布局 . 布局实战3

第四辑

精讲围棋定式 . 星定式
精讲围棋定式 . 小目定式
精讲围棋定式 . 目外高目三三定式
精讲围棋定式 . 定式选择
精讲围棋定式 . 定式活用

第五辑

精讲围棋对局技巧 . 基本技巧
精讲围棋对局技巧 . 接触战
精讲围棋对局技巧 . 实战对攻

第六辑

精讲围棋中盘技巧 . 打入与侵消
精讲围棋中盘技巧 . 攻击
精讲围棋中盘技巧 . 试应手

第七辑

精讲围棋手筋 . 1
精讲围棋手筋 . 2
精讲围棋手筋 . 3
精讲围棋手筋 . 4
精讲围棋手筋 . 5
精讲围棋手筋 . 6

第八辑

精讲围棋死活 . 1
精讲围棋死活 . 2
精讲围棋死活 . 3
精讲围棋死活 . 4
精讲围棋死活 . 5
精讲围棋死活 . 6